상냥한

폭력들

일러두기
본문에서 신문은 《 》, 보고서·기사 등은 「 」, 공연·방송 등은 〈 〉로 구분했다.

미투 이후의 한국,
끝나지 않은 피해와 가해의 투쟁기

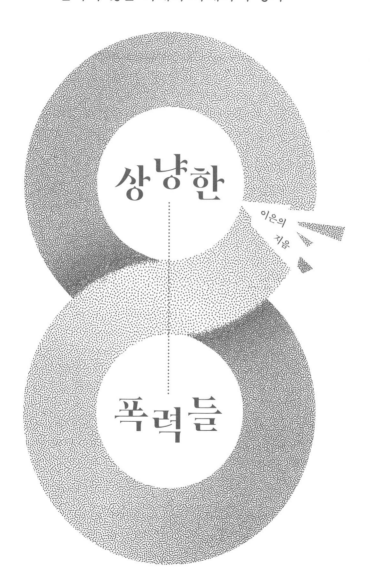

상냥한

이은의 지음

폭력들

동아시아

프롤로그

성범죄 피해자의
변호를 맡는다는 것

오래전 피해자의 자리에 선 적이 있다. 피해자로 살던 시간 동안 나는 늘 불안했다. '내 말을 판사님이 기억은 해줄까?', '판사님이 내 말을 안 믿어주면 어떡하지?', '판사님이 회사 편이면 어떡하지?' 같은 생각만 머리에 맴돌았다. '내 말이 사실이니까 괜찮아'보다 '사실이지만 안 괜찮으면 어떡하지?' 하는 걱정이 컸고, 간절함 때문에 더 불안했다. 그 후 오랜 시간이 지나 지금 나는 피해자의 변호사 자리에 서 있는 중이다.

변호사는 수사기관이나 법원만큼 수사를 많이 하거나 수사 기록을 자주 접하지는 않는다. 다만 수사기관이나 법원이 만나는 당사자부터 만나지 않는 당사자까지, 더 많은 사람을 만난다. 그러다 보니 당사자가 전하는, 정제되지 않은 날것의 사건들을 만나게 된다. 그 과정에서 당사자들의 진술 신빙성을 평가하고 실체적 진실이 무엇인지를 나름대로 파악하는 한편, 이 사건을 맡을지 고민하게 된다. 사건을 맡아 진행하면서는 스스로 내렸던 판단이 옳았는지 돌아보고, 뜻하지 못한 당황스러운 상황에 봉착하기도 한다. 그런 상황에서 여러 내적 갈등을 겪기도 한다. 가령, 사이가 좋으면 문제 삼지 않을 일인데 사이가 나빠져서 문제를 제기한 것이면 어떡하나, 어떤 상황이었어야 가해자가 피해자의 행동에 거절의 의사가 있었음을 알았다고 확신할 수 있을까, 어떤 상황에서는 가해자가 고의로 범죄를 저질렀다고 보기 어려울 수도 있지 않나 등 여러 의문이 든다. 그럴 때마다 나는 스스로 내 성인지 감수성이 낮은 게 아닌지 자책하기도 한다.

한편 사회적 지위가 높은 법조인들이 살아온 족적이나 마주해 온 현실을 고려해 보면, 특히 권력관계에 기대어 일어나는 성폭력의 경우 피해자보다는 가해자의 상황에 이입하기 용이한 입장이다. 보통은 고용상의 지위가 열악할수록 일상에서 훨씬 더 많은 애환을 겪기 마련이다. 하지만 판사나 검사, 변호사 대개가 학업성적이 우수한 학창 시절을 거치고 공부량이 막대한 수험 시절을 지나 법조인이 되다 보니, 아르바이트나 여타 직장 생활 등 사회의 말단을 경험할 일이 적고, 비교적 보조 업무를 한다거나 고용을 위협받는 열악한 입장에 처한 적이 많지 않다. 법조인이 된 후에는 상대적으로 독립적인 지위를 갖게 되고, 자신을 보좌해 주는 직원과 일하며 업무를 지시하거나 평가하는 입장에 바로 서는 일이 많다. 물론 판사, 검사, 변호사도 평가를 받기도 하지만, 일반적인 기업이나 그보다 열악한 노동 환경에서 일하는 '을'과는 차이가 있을 수밖에 없다. 특히 공직 시스템 안에서 보호받는 법관이나 검사로 살아가는 경우 더 그렇다.

물론 이러한 편향이 사회적 지위에만 기반한 것은
아니다. 법조계가 상당히 오랜 기간 남성 중심적인 시스
템으로 운영되어 왔기 때문에, 수사와 판단 과정에 있어
서도 남성 중심적 사고가 깊이 반영되어 온 영향도 있다.
따라서 기존의 법적 사고에만 국한해서 사건을 바라보면,
'혹시 피해자가 가해자에게 빌미를 준 것은 아닐까', '가해
자가 애써 노력해 온 것을 한순간에 무너뜨리는 것이면
어쩌나' 하며 가해자의 입장에서 판단을 내리기 쉽다. 이
렇게 수사나 재판에서 판단 주체가 갖는 편향은 종종 '합
리적 의심'과 혼선을 빚게 된다.

이쯤에서 법조인은 '합리적 의심'과 '추상적 개연성'
사이에서 제대로 판단하고 있는지, 범죄의 성립요건에
영향을 미칠 만한 의구심이 과연 무엇인지 숙고해야 한
다. 가해자가 주장하는 상황이나 피해자의 반응 등이 일
상에서 보편적으로 일어날 만한 것인지도 돌아볼 필요가
있다.

마찬가지로 피해자의 언어나 상태에 대해서도 점검
해야 한다. 여전히 누가 판단하느냐에 따라 피해자의 진
술이 오독되는 경우가 많기 때문이다. 가령 '피고인이 내
배를 손가락으로 찔렀다'와 '피고인이 내 배를 손끝으로
찔렀다'라는 피해 사실 진술을 두고 일관적 진술이 아니라

며 피해자의 진술 신빙성을 배척하기도 하고, '피고인이 양손으로 내 가슴을 움켜쥐었다'와 '피고인이 내 가슴에 양손을 가져다 댔다'라는 피해 사실 진술이 서로 엇갈렸다고 평가하기도 한다. 물론 이런 경우 실제로 피해 사실을 다르게 말한 것일 수도 있지만, 피해자가 말하고자 하는 바가 무엇인지를 좀 더 구체적으로 묻고 확인했다면, 발생 사실은 같은 것이라고 판단했을 수 있다. 꽤 많은 경우 일반인들은 법조인들보다 개별 단어의 의미를 정확하게 이해하여 사용하지 않는다. 어쩌면 성폭력 피해자에 대한 법원의 이해도가 부족하다고 여겨지는 것은, 그들의 이야기를 제대로 들을 준비를 하지 않은 것에서 기인했는지도 모른다.

특히 성범죄를 다룰 때, 법조인은 피해자와 가해자가 범죄 혐의 발생 후에도 친하게 지냈다든지, 고소 시점쯤에 사이가 나빠졌다든지, 피해자와 가해자의 사이가 좋지 않았다는 주장 등에 쉽게 매몰되거나 경도되지 않아야 한다. 물론 피해자의 입장에서 가해자와 어떻게 지냈어야 했는지 또는 어떻게 지내야 한다고 생각했을지를 감안할 필요는 있다. 고소에 이를 만한 상황이 발생했다면 피해자와 가해자의 사이가 좋았을 리 없기 때문이다. 사실관계를 파악하고 법관의 심증을 굳히는 데 있어 고소 시점의 피해자와 가해자의 관계성이나 피해자의 고소 동기를 전면적으로 배제할 수는 없겠지만, 이런 사실만 지나치게 부각되어 문제의 본질을 흐리는 일들이 아직도 많다.

어제도, 오늘도, 재판에 들어가고 선고를 듣고 누군가와 상담하며 하루를 보냈다. 상담을 마치고 항소심에서의 대응과 선임 여부를 고민하며 자리에서 일어서던 50대 여성은 미안한데 손 한 번만 잡아주실 수 있겠느냐고 청해 왔다.

강제추행 피해자였던 의뢰인의 사건은 이미 1심에서 피고인에게 무죄가 선고된 상황이었다. 판결문에는 피고인과 그와 친한 동료의 주장이 믿을 만한 사실로 채택되어 적혀 있었다. 판결문에 따르면 피해자가 피고인에게 회사 유니폼 머플러를 고쳐 매주겠다고 말한 후 돌연 피고인의 앞으로 와서 피고인의 양손이 피해자의 가슴에 닿았다고 한다. 모두 같은 직장에 다녔고 피해자는 입사한 지 얼마 되지 않은 상태였다. 혼자 중고등학생 자식들 뒷바라지를 하던 한 엄마는, 다른 남자 동료가 보는 앞에서 피고인에게 자기 가슴을 만지도록 하고 무고 혐의를 뒤집어씌운 사람이 되어 있었다.

사실관계야 당사자가 아니니 단언하여 말하기 어렵

겠지만, 이 판결문의 내용은 당황스러웠다. 성희롱에 노출된 피해자가 그에 대하여 보인 반응이 일반적이라고 여겨지는데도 피해자의 진술 신빙성을 배척해도 될지, 그 판결문으로 인해 향후 피해자가 시달릴 무고 시비는 온당하다고 할 것인지, 판단은 같더라도 판단 이유의 표현이 다를 수는 없는지 등 여러 생각이 들어서 나는 잠시 멈춰 있을 수밖에 없었다. 의뢰인이 사무실을 떠나고 나서도 한참을 서성였다.

그럴 때마다 나는 과거에 제법 오랫동안 서 있던 피해자 자리에서의 경험을 다시금 떠올린다. 검사님이 정말 공정할까, 판사님이 날 이상한 사람이라고 생각하면 어떡하지 같은 고민들. 피해자임을 소명받기로 결심한 날부터 피해자라고 명명받은 날까지, 내가 경험한 일이 진실임에도 내내 떨치지 못하고 끌어안은 채 갖고 있어야 했던 불안감. 가해자나 회사가 진심 어린 반성을 할 거라고는 기대도 하지 않았지만, 오히려 그들이 내 삶을 엉망으로 만들어 버릴지도 모른다는 걱정. 당연한 결과를 간절히 바라야 한다는 사실에서 오는 자괴감. 그런 기억을 소환하며 사무실 창문 밖 법원 마크를 바라봤다. 그때의 기억을 딛고 법원을 이해하며 달려온 시간 속에서, 어쩌면 피해자로 지냈던 때의 기억이 쓸려 내려가고 기존 사법 관행에 대한 이해가 더 많이 쌓여가고 있을지도 모른다는 걱정이 밀려들었다.

삼국시대를 배경으로 한 드라마 〈선덕여왕〉에 등장하는 미실은 권력을 유지하기 위해 민심을 설득하는 데 "하늘의 뜻이 조금 필요합니다"라고 했다. 하지만 21세기 대한민국에서 지난 기억과 기록을 딛고 피해자와 사법기관 사이의 딜레마를 좁히는 데에는 하늘의 뜻보다는 인간의 노력이 필요함을 나는 알고 있다. 내가 만났던 성범죄 피해자들이 더 이상 고통받고 있지 않기를, 지난 일을 털어버릴 수 있을 만큼의 법적인 조치가 있었기를, 설령 그러지 못했더라도 지금은 안온한 일상으로 돌아가 하루하루를 편안히 보내고 있기를 바란다. 그런 과정에서 끊임없이 흔들리고 고민하며 쓴 이 책의 모든 이야기가 조금이나마 현실을 바꾸어 가는 데 기여하기를 바란다.

차례

프롤로그
성범죄 피해자의
변호를 맡는다는 것   4

1장 객관과 편견 사이

– 성폭력 재판에서 '법'은 왜 자꾸 실패하는가

법은 정말 공정한가   18

'합리적 의심'은 정말로 합리적일까   25

강력범죄를 향한 법과 세간의 온도 차이   31

법은 약자의 얼굴을 하지 않았다   36

피해자는 말할 수 있는가   41

당신은 성폭행을 당한 것이 아니다   45

지금은 맞고 그때는 틀렸던 성범죄들   50

성 추문은 있으나 반성은 없다   54

성범죄의 본질은 같다   58

어떤 폭력이 처벌되는가   64

스텔싱, 일단 시작한 후 자행되는 폭력   69

'낙태'를 고민하지 않는 세상에서   75

폭력의 외연을 넓혀야 한다   82

2장 누가 피해자이고 누가 가해자인가

– 지금 여기의 '피해'와 '가해'의 맥락

아닌 것은 아니라고 말해도 괜찮다   92

'힘희롱'과 '성희롱'   98

여성 정치인이 당한 추행   102

동성 상사로부터의 성희롱   108

위력은 합의가 아니다   113

세상에 '강간할 권리'는 없다   119

다르게 바라보면 다른 것이 된다   129

누가 피해자를 꽃뱀으로 내모는가   132

성폭력 피해 경험자로 당당히 사는 법   136

피해자들의 말할 권리는 어떻게 찾아야 할까   141

'피해자다움'이란 없다   144

'왜'와의 지독한 싸움   152

왜 죽도록 저항하지 않았느냐고?   156

법정에서는 전략이 필요하다   160

가해자의 무기, 무고   165

한 성폭력 사건 변론을 맡은 후 생긴 일   168

피해자를 위해 수사기관의 배려가 필요하다   172

성폭력 '무고'에 담긴 성차별적 시각   177

그럴 만한 피해자, 그럴 리 없는 가해자   181

가해의 책임은 부메랑이 되어 돌아온다   186

합법적 장치도 악용될 수 있다   192

당신의 행동은 정말 고의가 아닌가?   198

3장 법의 언어로 연대하다

– 우리의 발화를 위하여

그런 건 없어!   206

디지털 성범죄는 아주 사소하게 시작된다   213

빨리 이야기하는 것이 중요하다   217

너무 늦은 때도 없고 이미 끝난 삶도 없다   223

피해자의 SNS 폭로, 위험하다   229

제 몸을 만지던 장면과 느낌만 강렬하게 떠올라요   236

함께 발견해 나가는 진실   241

'오늘'이 가장 빠른 날이다   245

그들의 용기로부터 다시 배운다   250

조용히 내미는 손들이 서로를 지킨다   257

에필로그

아무것도
끝나지 않았다   264

1장

객관과 편견 사이

성폭력 재판에서
'법'은 왜 자꾸 실패하는가

법은 정말 공정한가

여성도 대한민국 국민입니다. 성별 관계없는 국가의 보호를 요청합니다.

2018년 5월 16일 청와대 국민청원 최다 추천을 받은 청원 글의 제목이다. 5월 11일에 시작된 청원은 닷새 만에 35만여 명의 서명을 받았다. 발단은 홍익대학교 누드크로키 수업에서 발생한 남성 모델에 대한 불법촬영 사건이었다. 여성인 범인은 사건 발생 일주일여 만에 검거됐고, 조사 결과 피의자로 신분이 전환되어 구속 수사를 받았다. 여론이 들끓었다. 피해자가 남성이라 신속히 처리된 것 아니냐는 목소리였다. 5월 19일에는 서울 대학로에 모인

1만 2,000여 명의 참가자들에게서 "동일범죄 동일처벌", "남자만 국민이냐 여자도 국민이다"라는 구호들이 터져 나왔다.

경찰이 발 빠르게 대응한 것은 피해자가 남성이어서라기보다, 세간의 이목이 집중된 사건이다 보니 '특별하게' 취급했다고 보는 게 정확하다. 경찰의 수사력은 '때마침' 제대로 발휘됐고, 범인은 신속하게 검거됐다. 그 자체는 칭찬받아 마땅하다. 수사기관은 문제 제기에 당황스럽거나 억울했을 수도 있다. '이게 성차별이라고?'라며 의아해할 수도 있다. 이주민 서울지방경찰청장 역시 5월 14일 열린 기자간담회에서 "성별에 따라 수사 속도를 늦추거나 빨리하는 것은 있을 수 없는 일이다"라고 말했다. 피의자 구속 역시 '온라인상 유포'라는 죄질의 위중함과 증거인멸의 정황에 바탕한 것이다.

청와대 청원 글에 서명하고 직접 집회에 나선 여성들도 그 점을 모르지 않는다. 그러나 여성들이 차별이라고 외치며 분노를 표출하는 것은 그간 절박함과 상대적 박탈감이 누적되었기 때문이다. 이 사건의 처리 속도와 결과에 여성들은 상대적 박탈감을 느꼈다. 불법촬영 범죄의 피해자는 여성이 압도적이다. 그러나 한국의 법조계는, 또 사회는 유사 사건에 대해 어떻게 대응해 왔는가.

그간 대부분의 불법촬영 사건 피해자는 여성이었다. 2018년 경찰청이 제출한 국정감사자료「2014년 이후 카메라 등 이용촬영 범죄현황」과 국제인권단체 휴먼라이츠워치의 보고서에 따르면, 2017년 불법촬영 피의자는 5,437명이었는데 그중 남성이 5,271명이었다. 2016년에는 전체 피의자 4,491명 중 4,374명이 남성이었다. 이들 중 30퍼센트가 조금 넘는 사건들만 기소가 진행되었다. 피의자가 구속된 경우는 2017년 119명, 2016년 135명이었다. 해마다 불법촬영 관련 사건은 계속 급증했지만, 기소조차 쉽지 않았고 구속된 피의자의 수는 오히려 줄어들었다. 구속률이 낮다는 것은 그만큼 그간 불법촬영 범죄에 대한 처벌의 강도가 약했다는 방증이기도 하다.「대검찰청 2017 범죄분석」에 따르면 2016년 카메라 등을 이용한 촬영 범죄로 범인이 검거된 사건 5,249건 중 기소된 사건은 1,716건이며, 이 중 구속된 사건은 154건에 불과했다.

불법촬영에 대한 피해와 상처가 심각한데도 그에 상응할 만한 수준으로 기소와 처벌은 이뤄지지 않았다. 국민청원은 그 불만이 누적돼 나타난 반응이라고 해석해야 한다.

다분히 심각한 문제다. 불법촬영에 대해 수사 지휘를 하는 검찰은 압수 수색을 철저히 진행하지 않는다. 법원도 위중하게 처벌하지 않는다. 그 와중에 경찰이 검찰과 법원을 무시하고 피해자를 위해 무언가를 하기란 쉽지 않다. 결과는 물론이고, 이 과정 자체가 피해자이거나 피해자가 될 가능성이 있는 사람들에게는 불안이자 불만일 수밖에 없다.

얼마 전 한 준강간 사건에서 피해자 고소 대리를 맡았다. 가해자는 준강간이 아니라면서 성관계 동영상을 증거로 제출했다. '합의하에 한 성관계'라고 했다. 그러나 피해자는 당시 만취 상태였고 상황을 기억하지 못했다. 피해자는 준강간을 당했을지도 모른다는 생각이 들었을 때보다, 자기도 모르는 불법촬영 영상이 있다는 것에 경악했다. 법원에 제출된 게 불법촬영 영상의 전부인지, 혹은 이미 암암리에 다른 곳으로 유포된 것은 아닌지, 앞으로 동영상이 유포된다면 어떻게 해야 하는지, 모든 것이 혼란스럽고 두렵다고 했다.

나는 변호인으로서 검찰에 불법촬영 압수 수색을 요청했다. 검찰의 답변은 당황스러웠다. 비록 몰래 찍은 영상이지만 영상물의 소유권이 가해자에게 있기 때문에 압수할 근거가 없다고 했다. 경찰이 불법촬영에 대해 기소의견 송치*를 했지만, 그 영상물이 불법촬영물인지에 대한 판단을 내리기까지도 꽤 오랜 시간이 걸렸다. 기소가 결정된다고 해도 압수나 수색을 해줄지도 알 수 없다. 가해자가 불법촬영 영상을 자발적으로 제출했고, 이를 유포하다가 적발된 것이 아니므로 구속을 검토할 사안이 아니라는 이야기도 나왔다. 가해자가 그 영상을 유포하지 않을 것이라고 단정할 수 없는데, 유포됐을 시 피해자가 입을 피해는 중요하게 고려되지 않았다. 촬영물이 일파만파 퍼질 때까지는 도움받을 길이 없고, 실제 피해가 발생해도 가해자가 제대로 처벌받을지, 아니 처벌이나 받을 수 있을지 막막하기만 했다. 현실이 이러니 피해를 입은 사람들에게 내재된 불안과 분노가 클 수밖에 없다.

2018년에는 모델로 일하며 각종 성폭력과 원하지 않는 촬영을 강요받고, 심지어 그 촬영물이 유포된 피해 여성들의 고백이 이어졌다. 가해자로 지목된 사람들 대개는 계약서와 촬영 횟수 등을 내세우며 합의된 촬영이었음을 강조했고, 유포는 모르는 일이라고 선을 그었다. 계약

◆ 일반적으로 고소를 하면 경찰에서 수사하고 이후 검찰로 송치한다. 경찰은 수사 결과, 범죄 사실에 있어서 혐의가 인정되어 검찰로 송치하는 경우 의견을 기재하는데, 이를 '기소 의견 송치'라고 한다. 2021년부터는 검경 수사권이 조정되어 경찰이 수사 결과, 범죄 사실에 있어서 혐의가 인정된다고 판단하는 경우에만 검찰로 송치를 하고 그렇지 않은 경우 불송치로 종결한다.

서는 추상적이고 포괄적인 가해자의 권리들로 채워져 있을 것이고, 절대적인 을의 지위에서 사인했을 피해자의 입장은 감안하지 않고 해석될 가능성이 상당하다. 수사가 본격화되면 피해 영상은 거꾸로 피해자들이 당시 동의하여 촬영했다는 증거라며 제출될 것이 뻔하다. 수치스러운 촬영을 요구받았던 피해자들은 이제 그 촬영물이 피해를 부정하는 증거로까지 제출되고 사용되는 것을 목격해야 한다. 그뿐만 아니라 촬영물이 빠르게 유포되는 경우에는 어떻게 대처해야 하는지 아무도 답을 주지 못하는 실정이다. 촬영물이 유통되지 않도록 책임을 다하지 않은 것을 범죄로 의율擬律(법원이 법규를 구체적인 사건에 적용하는 것)할 수 있을지는 현행 법규를 기준으로 보았을 때 요원하기까지 하다.

　　이러한 사건들은 모두 피해자의 의사에 반하는 촬영을 하거나 유포하는 행위가 얼마나 나쁜지, 그 피해가 얼마나 심각한지를 보여주는 동시에, 그간 한국 사회가 불법촬영 피해를 당한 이들을 얼마나 무심하게 대했는지를 보여준다. 관련 법규를 재정비하는 것도 중요하지만, 그보다 중요한 건 이미 있는 수사력을 제대로 발휘하고, 죄질에 맞게 법을 적용하는 것이다. 아무리 많은 법을 만들고 아무리 처벌의 상한선을 강하게 정해놓아도, 적용하는 사람이 변하지 않으면 아무 소용이 없다.

변호사이기에 앞서 한국 사회에서 살아가는 한 여성으로서 이런 사건 앞에 서면 말 그대로 속이 터진다. 문재인 대통령은 2018년 5월 14일 수석보좌관회의에서 "불법 촬영 범죄에 대한 수사관행이 느슨하고, 단속하더라도 처벌이 강하지 않았다"라는 점을 지적하며 수사기관의 인식과 관점의 전환을 요청했다. 관련 법규를 재정비하는 것도 중요하지만 역시나 중요한 건 이미 있는 법과 수사력을 이번 사건처럼 제대로 적용하는 것이다. 범죄도 사람이 저지르지만, 단죄하는 것도 사람이다. 법 적용의 한복판에 사람이 있다.

'합리적 의심'은
정말로 합리적일까

성폭력 피해자들을 변호해 오면서, 가해자를 처벌하지 못하는 경우도 많았다. 그때 피해자들한테 제일 많이 듣는 것이 "도대체 무엇이 합리적 의심이라는 건가요?"라는 질문이다.

무죄 추정이라는 형사법의 대원칙 아래에 '합리적 의심reasonable doubt'이라는 것이 있다. '합리적 의심'이란 증거재판주의에서 형사 범죄의 유무죄를 판단함에 있어 기준이 되는 의심을 말한다. 추상적인 의심이 아닌, 구체적이고 명확한 사실에 입각하여 합리적으로 추단되는 의심을 의미한다. 그런데 피고인에게 유죄를 선고할 수 없다는 법리가 불합리하게 적용되면, 뻔한 거짓말을 하는 가해자가 처벌을 피해 간다. 수사와 재판 과정을 지켜본 피해자는 불합리하게 외면당하고 마는 것이다.

최근 사회 변화에 발맞추어 법정에서 많은 성폭력 사건이 다뤄지고 있다. 다른 사건들과 비교했을 때 성폭력 사건에 있어서도 정말 합리적으로, 형평성 있게 '합리적 의심'이 적용되고 있을까?

약 5개월 동안 배우 K의 동의 없이 가슴 노출 장면을 IPTV에 '무삭제판'으로 배포한 감독 L에 대해 무죄가 선고되었다. 형사 법원은 배우와 감독이 극장 상영분에 있어서는 노출 장면을 빼기로 합의한 것이 인정된다고 밝혔다. 하지만 출연 계약서에 감독이 제작과 배포 등에 관해 권한을 가진 것으로 되어 있고, 극장이 아닌 다른 매체에 배포하지 않기로 했다는 합의는 완벽하게 입증되지 않아, 감독 L이 이를 IPTV에 배포할 권리가 있다고 생각했을 수 있다는 '합리적 의심'이 든다고 판단했다.

법리적으로만 생각하면 납득되지 않을 것도 없다. 문제는 법리적으로 인정되는 사실과 응당 지켰어야 할 책임의 범위 사이에 괴리가 있고, 이것이 대중의 상식 및 영화계의 현실과 큰 차이가 있다는 점이다. 이런 괴리의 상당 부분은 계약자유의 원칙, 즉 당사자 간에 자유롭게 합의할 수 있다는 법 원칙은 판결을 내릴 때 중요하게 고려되었지만, '성폭력'과 '을의 처지'에 대한 법원의 감수성은 현저히 떨어지는 데서 발생한다.

K의 고소는, 완성된 영화의 배포 권한에 대한 계약 위반을 다툰 게 아니다. 애초에 상영하지 말아야 할 장면을 배포한 행위가 '성폭력'이라는 것이다. 조금 더 정밀하게 들여다보면 영화를 완성하는 단계에서부터 K는 문제를 제기했다. 출연 계약서에는 '노출 촬영은 협의하에 진행한다'라고 쓰여 있었다. 촬영장에서 문제의 노출 장면을 찍으며 배우와 감독의 의견이 대립했다. 감독은 '선 촬영 후 편집'을 제안했고 배우가 이를 받아들여 일단 촬영을 했다. 배우는 편집본을 본 후 해당 장면을 삭제해 달라고 요구했다. 당초 출연 계약서에 명시된 대로 '협의하'에 진행한 촬영이 아니었기 때문이다. K는 노출 장면이 극장에서 상영되는 것을 원하지 않는다고 밝혔다. 감독은 K가 극장에 온 관객들이 노출 장면을 보는 것은 원하지 않지만, IPTV를 통해 더 많은 사람이 보는 것은 괜찮다고 이해한 걸까? 오직 극장판에서만 그 장면을 빼달라고 요구하는 게 과연 일반적인 걸까? 그런데도 형사 법원은 출연 계약서에 근거해 감독이 그 장면을 배포했을 '합리적 의심'이 있다고 본 것이다.

법(법원)을 '마지막 보루'라고 한다. 갑을관계가 명징

한, 생계가 달린 현장에서는 법이 최소한의 내 인격을 지켜줄 수 있다고 믿는다. 그러므로 법은 동등한 입장에서 공평하게 출연 계약서가 작성되었는지, 계약서가 적용되는 현장에서 무슨 일이 있었는지, 출연자의 처지에서 '배포'가 무엇을 의미하는지 제대로 보고 해석해 줄 필요가 있다.

성폭력 사건 특성상 당사자들의 주장 외에 직접증거는 많지 않다. 따라서 성폭력 사건에서는 피고인 입장에서 간접증거들이 오간 사정과 피해자 주장의 신빙성을 따지는 것은 불합리하고 위험하다. 피고인만이 아니라 피해자의 사정을 적극적으로 고려해야만 한다.

다행히 법원은 종래에 K가 피해자임을 인정했다. 특히 동영상 유포와 관련된 디지털 성범죄에 대한 법 적용이 과도기였기 때문이었는지 비록 형사재판에서는 K가 피해자임을 인정받지 못했으나, 민사 법원에서는 K가 피해자임을 선언했다.

형사재판에서는 '배우와 감독 사이의 출연 계약서 문구에 포괄적 권한이 감독에게 있음이 명시되어 있다. 그러므로 극장판 편집을 하면서 배우가 가슴 노출 장면을 삭제해 달라고 요구하고 감독이 이를 수락했다고 하더라도, IPTV 등 다른 매체를 통한 영상에서도 그 장면을 빼기로 계약을 변경했다고 단정할 수는 없다'라는 취지로 감독에게 무죄를 판결했다. 형사재판 2심에서도 감독에게 무죄가 선고되자, K는 당시 이런 판단이 우리 사회의 보편적 상식에 부합하는지를 되묻지 않을 수 없어서, 기자회견을 열어 가슴 노출 장면을 삭제해 달라고 했던 녹음 파일을 직접 공개했다. 그 과정에서 민사소송을 제기하고 지난한 법정 다툼을 거쳐 3년 5개월여 만에 내려진 승소 판결이었다. 배상 액수를 떠나 K가 피해자이고 감독이 한 일이 불법행위라는 판단이 갖는 의미가 컸다.

피고인의 행위가 범죄 성립에 이르지 못했다고 해서, 증거 불충분을 이유로 형사재판에서 유죄가 선고되지 못했다고 해서 피고인의 행위가 온당해지는 것이 아니다. 더구나 과거에 합리적 의심이 있다는 이유로 무죄가 선고되었다고 하더라도 세월이 흐른 후 그 판단이 옳았다고 평가될지는 알 수 없다. 급변하는 사회와 함께 과거의 후진적인 가치관이 급속도로 진일보하면서 가치평가가 달라진 인격권 침해와 관련된 범죄들이 특히 그러하다.

많은 사람이 함께 살아가는 세상에서 어떤 사건이든 일어날 수는 있다. 그러나 일어난 사건이 어떻게 처리되고 어떻게 기억되는지는 세상 사람들의 몫이다. 사람들의 선택에 따라 끔찍한 사건이 가십으로만 남기도 하고, 때로는 어떤 교훈을 남기기도 한다. 사건이 교훈을 남길 때, 피해자도 사회도 안전해진다.

강력범죄를 향한
법과 세간의 온도 차이

며칠 전 기자로부터 전화를 한 통 받았다. 피고인이 피해자의 집에 강제로 침입해 피해자를 감금하고, 몇 주 간의 상해 진단서가 나올 정도로 심하게 때린 사건에 관한 것이었다. 기자가 내게 전화한 이유는, 재판에서 피고인의 형을 감경한 사유에 대해 피고인이 '피해자를 사랑해서 우발적으로 그랬다'라고 말했기 때문이었다.

통상 피고인의 자백과 반성은 형사재판에서 가장 중요한 감경 사유가 된다. 피해자가 있는 범죄에서 피고인이 반성했는지를 판단하는 데 가장 중요하게 고려하는 요인은 피해자의 용서 여부다. 이 사건에서 피해자가 피고인을 용서했는지, 용서받지는 못했으나 피고인이 용서받기 위해 어떤 노력을 했는지, 당사자들의 평소 관계는 어땠는지, 집에 들어가기까지의 과정이 어땠는지, 피해자를 못 나가게 했던 시간이 얼마간이었는지, 재판부가 피고인을 감경한 배경이 무엇인지는 재판 기록을 보지 않았으니 정확히 알 도리가 없었다. 기자를 발끈하게 했던 '사랑해서 우발적으로 저지른'이란 표현이 피해자와 합의가 된 내용인지, 피해자가 용서한 것이 이런 사정에 근거한 것인지, 아니면 피고인이 주장했을 '사랑'이라는 범행 동기를 참작할 만한 사정이 있는 것인지, 아니면 이런 범행 동기가 감경 사유에 해당한다고 생각해서인지를 말이다.

그렇지만 그럴 만한 사정이 있었다고 해서 이런 표현을 사용해도 괜찮은 걸까? 기자는 세간의 시선을 대신해 재판을 지켜보는 사람이다. 그런 기자가 이 판결문의 문구를 읽고 의문을 제기한 이유를 단지 그가 자세한 사정을 모르거나 과민하기 때문이라고 여겨도 되는 걸까?

이 사건의 피고인은 남성이었고 피해자는 여성이었다. 둘의 관계나 성별을 지워놓고 보면 주거침입에 감금, 상해 또는 폭행치상◆ 등의 범죄행위가 있었고, 피고인이 범죄를 저지를 수 있던 건 피해자보다 힘이 강해서였다. 이런 사건 대부분이, 가해자는 둘 사이가 특별한 관계이므로 이성을 잃을 만한 사정이 있었고 다툼이 심해져 우발적으로 범죄에 이르렀다고 주장한다. 한국은 여전히 처벌 여부를 판단할 때 이를 참작한다.

문제는 세간의 시선이 법보다 빠르게 변화해 이제는 이것을 참작할 만한 사유라고 보지 않거나, 반대로 가중처벌을 해야 할 사유라고 생각한다는 것이다. 최근에는 아동학대나 데이트폭력 같은 폭력이 피해자가 물리적으로 약한 존재이기 때문에 발생한다는 인식이 공유되고 있다. 훈육이든 애정 다툼이든 그것이 폭력으로 번지는 이유는, 상대가 힘으로 쉽게 제압이 가능한 약자이기 때문이다.

앞서 감경 사유에서 사용된 '우발적'이라는 단어는 의도는 없었으나 상대방의 반응에 감정이 고조되다 보니, 또는 정말 우연한 실수로 인해 피해를 줬을 때 쓰는 말이다. 상대방이 내 마음대로 되지 않아서 힘으로 제압한 것은 우연한 일이 아니다. 폭력은 우발이 아니라 정밀하게 계산된 본능이다. 아동이 우발적으로 훈육하던 부모에게

◆ 상해죄는 고의로 다른 사람의 신체를 상하게 하는 범죄다. 우리 법원은 신체의 완전성을 훼손하거나 생리적 기능에 장애를 초래한 경우 등을 절충하여 판단하고 있다. 상해가 다치게 할 의도를 가지고 신체를 상하게 한 것이라면, 폭행치상은 다치게 할 고의는 없었으나 사람을 폭행한 결과 상해를 입히게 된 범죄를 말한다. 폭행죄는 사람을 폭행했으나 그 사람이 다치지 않은 경우 성립한다.

위해를 가하거나 여성이 남성을 우발적으로 두들겨 패기란 쉽지 않다. 즉, '때릴 만한 사정'이 있던 것이 아니라, '때릴 수 있는 사정'이 있던 것이다. 그러니 이런 일들은 가해자가 뭐라고 변명하든, 기실 가해자가 피해자를 '사랑'해서 일어나는 것이 아니다. 법은 아직 모르는데 세간이 먼저 알게 된 사실 정도라 하겠다.

확대해서 적용해 보면 '강남역 살인 사건'이나 최근 발생한 'BJ 살해 협박 사건'과 같이 특별한 이유 없이 여성을 향해 벌어진 가혹한 폭력도 이와 크게 다르지 않다. 피해자가 될 수 있는 위치에 있는 여성들이 공분하는 이유다. 이런 사건들에서도 피고인들은 그 당시 정신이 온전치 못해서 우발적 행동을 저질렀다고 변명했다. 그런데 정말로 우발적 행위였을까? 이 사건의 가해자들은 정신이 온전치 못한 와중에도 자신보다 약한 존재를 찾고, 그 존재가 온전히 도움받지 못하는 시공간에서 범죄를 저질렀다. 이는 적어도 오늘날 세간에서 규정하는 '우발'의 범위에는 해당하지 않는다.

법은 세상의 질서를 위해 존재한다. 따라서 안정성을 추구하는 입장에 서 있을 수밖에 없다. 피고인의 인생을 좌지우지할 죄와 벌을 심판하는 일이 순간의 감정에 의해 흔들리는 인민재판이 되어서는 안 될 것이다. 하지

마 법과 세상이 인식하는 온도 차가 이토록 크다 보니, 사
람들이 법을 향해 아우성치고 시끄럽게 구는 것도 전혀
이상한 일이 아니다.

　　법의 이름으로 내려진 판결문의 문구 한 줄 한 줄은
세상에 큰 영향을 미친다. 무죄의 이유, 감경 사유, 가중
사유로 판결문에서 거론된 것들은 가해자와 피해자 모두
에게 어떤 지침이 된다. 판결문에서 "사랑해서 우발적으
로"와 같은 표현을 쓰는 일이 자못 조심스러워야 하는 이
유다.

　　법은 그 존재의 이유와 책임으로부터 자유로울 수
없다. 따라서 세상의 속도를 따라 하루아침에 변화할 수도
없을 것이다. 그렇다고 세상이 빠르게 변화하고 있는데,
법만 무심하게 한자리에 머물러 있어도 안 될 일이다. 법
은 세상이 소란스러운 이유를 깊이 고민해야 한다. 법이
과거에 머물러 있다면 현재를 살며 미래를 향해 나아가
는 세상의 인식과 늘 차이가 생길 수밖에 없기 때문이다.
변화가 온당하다면 묵직한 발걸음을 조심스럽게 옮겨야
하지 않을까.

법은 약자의 얼굴을
하지 않았다

　오랜만에 봄비가 미세먼지를 가라앉혀 준 오후였다. 강제추행 사건의 피해자 조사를 위해 통역사와 함께 피해자를 데리고 경찰서를 찾았다. 피해자는 이주 여성으로, 직장 내에서 성희롱을 당한 상황이었다.

　이 사건을 맡기까지 곡절이 있었다. 밀린 서면 업무를 위해 출근한 일요일이었는데, 별안간 사무실 전화가 울렸다. 통상 주말에는 사무실로 전화가 와도 잘 받지 않는데 딴생각을 하고 있다가 얼결에 전화를 받았다. 그는 어눌한 한국말로 바들바들 떨면서 이야기를 건네 왔다. 처음엔 이상한 전화인가 싶어 끊으려고 했는데, 결혼을 하게 되면서 한국에 온 이주 여성임을 알게 되고는 계속 이야기를 듣게 되었다. 남편과는 몇 년 전 이혼했고, 아이들을 키우며 사는 싱글맘이었다. 최저임금에 가까운 급여를 받으며 공장을 다니고 있는데, 사장이 계속 추행을 해왔고 최근에서야 신고했다고 말했다. 다음 날 바로 만났다. 피해자는 매우 불안해했는데, 사장을 신고한 후 퇴사했지만 계속해서 사장이 술을 마시고 전화하여 고소 취하를 종용하고 있었기 때문이다. 당한 일은 많았지만, 직접적 증거가 딱히 없었고, 말도 잘 안 통하다 보니 신고한 사건 외에는 추가로 신고하거나 진술도 할 수 없었다. 그런데도 사장은 허구한 날 술을 마시고 전화를 해서는 누가 믿어줄 것 같으냐며, 도리어 피해 여성이 빌린 적도 없는 100만 원을 갚기 싫어 신고한 것이라며 몰아붙이고 있었다. 내가 사건을 맡은 후에도 사장은 만취 상태로 계속 전화를 했다.

　　수사기관에서는 피해자가 어느 정도 말이 통하는 듯하니 통역 없이 수사를 진행한 모양이었다. 통역사를 일부러 데리고 가자 오히려 번거로워했다. 수사관은 피해자가 말을 잘 못 알아듣는 듯하면 열심히 설명하려다가도 되레 목소리를 키웠다. 수사관이 화가 나서 언성을 높인 건 아니었지만, 피해자는 어찌할 바를 몰라 했다. 한국어로 일상생활이 가능하다고는 해도, 수사 과정 중에 그가 느낄 답답함과 어려움이 느껴졌다. 피해자는 충격이 채 가시지 않은 상황이었다. 급기야 계속해서 고소 취하를 종용당하고 있어서 가해자인 사장이 전화를 못 하게 해달라고 경찰에게 요청했지만, 경찰은 말은 전하겠으나 본인들도 할 수 있는 게 없다고 답변했다.

성폭력 사건 변호를 맡다 보면 피해자가 겪는 남다른 고통이 느껴진다. 덩달아 피해자 변호사도 여러 가지 애환을 느끼게 마련이다. 그 기저에는 약자를 보호할 법적 조치가 예비되어 있지 않다는 점이 있다. 법은 약자의 마지막 보루이기도 하겠지만 오랜 시간 기득권의 입장에서 운용되어 왔다. 일례로 성폭력 사건의 가해자가 범죄 혐의를 부인하면서 그 증거로 수사기관에 피해자의 성적 수치심을 유발할 만한 사진 등을 제출한 경우, 피해자가 열람 및 복사를 신청해도 검사가 허가하지 않으면 볼 수 없다. 설령 자신도 모르게 사진이 찍혔다고 하더라도, 이 사진 파일은 피해자가 아닌 사진을 찍은 가해자의 것으로 분류된다. 그러니 가해자가 사진을 배포하면 다른 범죄행위가 성립되더라도, 당장에 피해자에게 그 사진을 영구 삭제시킬 방법은 없다.

피해자를 데리고 통역을 배석시킨 채 경찰서에 가서 신고하지 못했던 그간의 피해들에 대해 추가 고소를 진행하고 진술했던 날, 피해자가 조사 중 잠깐 쉬는 시간에 내 손을 꽉 잡았다. 경찰서 앞에서 만났을 때는 바들바들 몸을 떨고 얼음장처럼 손이 차가웠는데, 이제는 그의 손에 온기가 돌고 있었다. 그러고는 더듬더듬 말을 하려다가 잇지 못하고 울음을 터뜨렸다. 아무도 내 말을 안 믿어주면 어떡하나, 도리어 거짓말을 했다고 궁지에 몰리면 어떡하나… 막막한 심정으로 전화를 걸었는데 마침 내가 전화를 받은 거였단다. 애환 많은 피해자의 간절함이 닿아 인연이 된 건가 싶었다.

그 후 다행히 기소가 진행되었다. 다만 기소되기까지 1년이라는 시간이 걸렸고, 범행을 줄곧 부인했던 사장은 피해자를 법정에 세워 전례 없이 무례하고 모욕적인 증인신문을 펼쳤다. 그런 과정을 거치고 나서야 사장에게 유죄가 판결되었다. 법원은 그런 사장에게 엄벌이 불가피하다며 징역형을 선고했지만, 결국 집행은 유예했다. 사장에게 유죄가 선고된 것은 다행이었지만, 지속적으로 범행이 이루어졌고, 법정에서조차 그 범행을 부인하며 반성하지 않았는데 어째서 집행유예가 내려졌는지 변호사로서도, 또 한 명의 국민으로서도 이해가 되지 않았다. 피해자는 신고를 결심하며 회사를 그만뒀고 고소와 재판 과정에서 온갖 모욕과 위협을 당했는데도 말이다. 수사 단계에서도, 형사재판을 거치면서도, 피해자에게 미안한 감정만 들었다.

그 후 그대로 묵과할 수 없어 사장을 상대로 민사소송을 제기해 승소했다. 손해배상을 받았지만 여전히 그 씁쓸한 뒷맛이 다 가시지는 않았다. 피해자의 절대적 신뢰가 있어 사건에 덥석 뛰어들긴 했으나 한국의 상황도, 법조계의 현실도 여전히 갈 길이 멀다는 것을 느낀 사건이었다. 이 사건의 피해자에게도, 비슷한 상황에 처했을 다른 이주자 피해자들에게도 아직 이런 한국이라 미안하다는 말을 전한다.

피해자는
말할 수 있는가

젠더 문제를 두고 누군가는 역차별을 말하고, 누군가는 갈등을 경계한다. 미러링이니 반격이니 하는 이야기가 몇 년째 분분하다. 여성들이 주축이 되어 벌이는 대규모 시위는 연일 논란의 도마에 오른다. 이들이 내뱉는 과격한 불만의 언어를, 많은 사람이 '위험하다'라고 지적한다. 가만히 듣고 있자니 정말 어떤 변화가 온 것만 같다. 끝나지 않는 논쟁 속에 성폭력 피해자의 삶도, 피해자를 지원하는 변호사의 일상도 덩달아 뜨거워진다. 하지만 정말 '위험한 것'은 따로 있다.

변호사 사무실을 개업한 지 만 7년 10개월이 되었다. 개업 초기부터 성폭력 피해 상담 및 법률 지원을 주로 해왔다. '미투' 이후 관련 사건이 더 많아졌느냐고 여러 사람이 묻는다. 그 질문은 정말이지 현실을 모르거나, 현실을 외면하는 질문이다. 성폭력은 한국 사회에서 언제나 있던 일이다. 미투 '바람'이 불었다지만, 피해자가 성폭력 경험을 입 밖으로 꺼내기란 여전히 쉬운 일이 아니다. 심지어 가해자를 처벌하기 위해 나서는 건 훨씬 더 어렵다.

최근 우리 사무실을 뜨겁게 달구고 있는 것은 성폭력 관련 사건이 아니다. 언젠가부터 성폭력 피해 자체가 아닌, 성폭력 피해를 신고하거나 피해 사실을 말했다는 이유로 무고·명예훼손·위증으로 고소당한 피해자가 더 많이 찾아온다. 손해배상 청구 소송을 당한 피해자, 고소당하거나 소송을 치르게 될까 봐 걱정하는 피해자로 북적인다. 성폭력 피해자들은 이제 막 '말하기' 시작했을 뿐, 막상 문제에 대응하기에는 한계가 많다. 피해자를 지원하는 입장에서 지켜보고 있으면 한숨이 절로 난다. 미투가 사람들의 마음엔 변화를 일으켰을지 모르지만, 사회나 제도는 거의 바뀌지 않았다. 과거나 지금이나 적잖은 피해자들이 성폭력 피해를 호소한 후, 상상했거나 또는 상상했던 것보다 더 큰 고난에 맞닥뜨리고 있다.

가해자들은 피해자들의 말하기에 크게 당황했으나 잠시뿐이었다. 불쾌함과 당황스러움으로 움찔했던 가해

자들은 그리 오래지 않아 반격을 '업그레이드'한다. 오죽
하면 가해자가 범죄 혐의를 부인하더라도 각종 소송으로
피해자를 괴롭히지 않는다면 '아주 악질은 아닌 사람'이라
고 평가받을 정도다. 가해자라고 법적 권리가 배제되어서
는 안 되지만, 그 권리를 악용해 피해자를 괴롭히는 일이
지금처럼 쉬워서도 안 된다.

　　현실은 녹록하지 않다. 가해자들은 피해자를 무고
로, 명예훼손으로, 위증으로 고소하는 데서 멈추지 않는
다. 피해자 주변인에게까지 소송을 남발한다. 피해자를
수사기관과 법원에 불려 다니게 만드는 것으로도 모자라,
소송전을 펼치며 피해자를 주변으로부터 고립시킨다. 피
해자를 도운 동료나 활동가, 기자 등이 어느 순간 '피의자'
가 되어버리고, 피해자와의 관계는 덩달아 불편해진다.
변호사인 나도 예외가 아니다. 어느 날부터인가 내게도
백래시backlash성 고소장이 날아들고, 그렇게 사무실 기록
봉투 사이에 내 이름을 태그한 봉투가 생기더니, 심지어
두툼해지고 있다.

　　이런 상황이 이해가 안 되는 것도 아니다. 한국 사회
의 법과 제도가 성폭력 피해자 처지에서 무언가를 해본
경험이 아직 없기 때문이다. 그러나 변화는 그 '낯선 상황'
에서 이 '낯섦'에 어떻게 대처해 갈 것인지에서 시작된다.

피해 여성에게 위험한 건 변하지 않는 이 사회이고, 여전히 높기만 한 수사기관과 법원의 문턱이며, 법을 악용해 피해자를 양껏 괴롭히는 가해자들이다. 그러므로 다시 묻지 않을 수 없다. "피해자를 지원하겠다는 정부와 사법 당국은 지금 어디에서 무엇을 하고 있습니까?"

당신은 성폭행을
당한 것이 아니다

　　며칠 전 항소심을 앞둔 피고인 접견을 위해 서울구
치소에 다녀왔다. 피고인 P는 노래방 도우미로 일한 지 얼
마 되지 않은 20대 여성이었다. 또래 남자 손님들이 시간
당 수당을 주겠다고 해서 인근 술집을 가는 줄 알고 따라
나섰는데, 막상 따라가 보니 남자 손님 한 명이 장기투숙
중인 호텔이었다. 고민했지만 남자와 단둘이 있는 것도
아닌데 별일이야 있겠나 싶었다. 그런데 호텔에서 남자들
이 대마 등을 흡입하며 P에게도 권했다. 거절했지만, 남자
중 한 명이 언성을 높이고 눈을 부라렸다. 머리를 때리기
도 했다. 당황하기도 하고 겁도 난 P는 결국 대마를 흡입
했다. 이후 대마를 권하며 소리를 지르고 머리를 때리기

도 했던 L이 성관계를 요구했다. 호텔 내부는 복층 구조였고 다른 남성은 2층으로 올라가 먼저 잠이 든 상황이었다. P는 싫다고 했지만, 소리를 질러 도움을 청하거나 크게 실랑이를 하지는 못했다. 모르는 남자들과 낯선 공간에 와 있는 상태에서 심하게 저항했다가는 오히려 다치거나, 다른 한 명을 깨워 윤간을 당할지도 모른다는 생각에 겁이 났다. 잔뜩 움츠린 채 싫다는 말을 반복했다. 하지만 소용이 없었다.

다음 날 집으로 돌아온 후에야 P는 L 등에게 연락해 "강제로 마약도 하고 성관계도 하게 됐다"라고 원망하며 "약속했던 시간당 수당이라도 달라"라고 문자를 보냈다. L은 거절했고, 사과도 하지 않았다. 억울하고 화가 났다. 마지못해 흡입했던 대마에 중독된 건 아닌지 겁도 났다. 고민 끝에 "대마를 피우라고 강요받았으며 강간도 당했다"라고 신고를 했다. 남자들은 모두 체포됐고, 대마 소지 및 흡입으로 기소됐다.

문제는 P였다. 검찰은 P를 대마 흡입과 무고 혐의로 기소했다. P도 가해자들과 함께 재판을 받게 된 것이다. P는 억울함을 호소했다. 이후 L에게 집행유예가 내려졌지만 P는 1년 6개월의 실형을 선고받았다.

지방에 있는 P의 부모님은 딸이 이런 일에 연루돼

재판을 받게 됐다는 것도, 노래방 도우미 일을 했다는 것
도 전혀 알지 못했다. 재판을 받고 교도소에 가게 된 후에
야 상황을 알게 된 어머니가 부랴부랴 나를 찾아왔다. 어
머니는 딸을 빨리 집으로 데리고 갈 수 있기를 간절히 원
했다. 처음 만난 남자였지만 자발적으로 성관계를 했고,
대마도 스스로 흡입한 것이라고 자백하고 반성해서 딸이
풀려날 수만 있다면, 거짓 자백과 반성이라도 하게 해달
라며 울었다.

　　얼마 전 〈레드북〉이라는 뮤지컬을 봤다. 여성이 선
정적인 글을 쓰는 것이 금기시되었던 근대 영국을 배경으
로, 성적 욕망과 사랑을 담은 소설을 썼다가 감옥에 갇히
고 재판을 받게 된 한 여성 소설가에 관한 이야기였다. 극
중에서 주인공의 남편이 마침 변호사였는데, "소설을 쓸
당시 제정신이 아니었으니 용서를 구하자"라며 주인공을
설득한다. 하지만 주인공은 이를 거부한다. 법정에서는
그런 주인공에게 불리한 판결이 내려지지만, 법정 밖 사
회의 강한 외침으로 마침내 주인공은 풀려난다.

　　뮤지컬을 재미있게 볼 당시만 해도 결말에 특별한
감흥은 없었다. 그런데 내가 변호하는 사건의 주인공인
P를 보러 가면서 다른 소회가 밀려왔다. 그의 주장을 전부
신뢰하기는 어렵다 치더라도, 그가 대마를 하려고 처음

만난 남자들을 '자발적으로' 따라갔으며, 성관계도 '자발적으로' 한 후에 신고했다는 남자들의 주장은 훨씬 더 믿기 어려웠다. 안타깝게도 검사도, 판사도 P의 말을 믿어주지 않았다. 뮤지컬이 아닌 현실 속 변호사인 나는 그에게 "당시 상황에서 최선을 다해 저항하지 못했으니 성폭력을 당했다고 생각할 수는 없다. 무고한 것이라 말하고 반성하자"라는 말을 해야 하는 상황이었다. P는 집에 가고 싶다는 말을 어렵사리 내뱉고는 잠시 울었다.

성폭력 신고 사안에 있어서 무고죄를 적용하면 안 된다고 생각하지는 않는다. 문제는 신고나 고소를 한 사람의 처지에서 그 일이 성폭력이었는지 그렇지 않은지는, 평소 폭력에 대한 가치관과 사건 발생 당시 당사자의 의사에 기초한다는 점이다. 당사자들의 입장이 성폭력과 성관계로 극명하게 엇갈리는 상황에서, 법이 인정하는 성폭력과 일반 피해자들이 처하는 성폭력 상황에는 괴리가 있고, 그 괴리는 피해자들이 겪는 현실을 담아내지 못하고 있다.

한국 사회는 성폭력 가해자의 처지를 '함께' 고민한다. 혹시 성폭력이 아니었으면 어떡하나, 피고인이 피해자가 원하지 않는 걸 몰랐으면 어떡하나를 함께 고민하는 것이다. 무죄 추정의 원칙상 고민을 하는 행위 자체가 잘

못된 것은 아니다. 하지만 반대로 성폭력 피해자가 정말 원하지 않는 상태에서 최대한 의사 표현을 한 상황일 수 있다고, 가해자의 입장과 같은 정도로 피해자의 입장을 고려하지 않는다. 이렇듯 피해자와 가해자의 입장이 다른 무게로 받아들여지는 상황 속에서 자기가 당한 일을 성폭행이라고 믿었던 누군가의 주장이 무고로 명명되는 것이 작금의 현실이다.

　나는 P에게 차마 '당신이 겪었던 일은 성폭행이 아니다'라는 말을 할 수가 없었다. 그 정도는 성폭행으로 보기 어렵기 때문에, 신고하면 무고가 된다는 간단한 설명과 함께 반성해야 풀려날 수 있다고 어렵사리 설득했다. 그를 만나고 돌아오는 길, 말도 많고 탈도 많은 성폭력 무고의 경계선에서 지금 우리 사회의 '레드북'은 무엇일까 돌아본다. 성범죄로 성립하지도 않을 것을 신고하는 피해자인가, 당신은 성폭력을 당한 것이 아니라고 말하는 법조문인가, 아니면 피해자의 입장은 고려하지 못하는 우리 사회의 시선인가.

지금은 맞고
그때는 틀렸던 성범죄들

'미투' 열풍 이후 많은 것이 변했다. 대중의 인식이 많이 달라진 만큼, 수사기관이나 법원의 판단에도 적지 않은 변화가 일었다. 반가운 일이다. 하지만 마음 한편에는 쓸쓸함이 남는다. '지금'은 범죄가 성립되지만, 예전에는 무혐의 결정이나 무죄판결을 받아야 했던 사건들이 떠올랐다. 그때 그 피해자들은 어떻게 지내고 있을까. 피해를 당하고도 그것을 인정받지 못한, 납득할 수 없는 결과를 받아들고 떠난 의뢰인들이 자꾸만 떠올랐다.

형사사건에서 무혐의 결정이나 무죄판결이 났지만, 재론의 여지가 큰 사건 몇 개를 최근 손해배상으로 다투기 시작한 건 그 때문이다. 그중 한 사건의 민사 청구가 받아들여지면서 변론이 종결됐다. 피해자는 수년 전에 당한 성폭행 피해를 고소했고, 이후 법정에서 범죄 여부를 치열하게 다퉜다. 당시 사건은 '피해자의 의사에 반하는 것은 분명해 보이지만 피해자의 저항이 소극적이라 피고인이 몰랐다는 주장을 완벽하게 배척하기 어렵다'라는 취지로 무죄가 선고됐다.

　　수사 기록을 살펴보니 피해자의 동의하에 있었던 성관계로 보기 어려웠다. 사건 발생 전후로 피해자가 피고인에게 딱히 호감이 있었다고 볼 만한 아무런 정황이 없었다. 피고인은 피해자와 띠동갑이 넘게 나이 차이가 나는 유부남이었다. 사건 당일, 체격이 작은 피해자가 인적이 끊긴 심야 주차장에서 기껏 할 수 있던 저항이라고는 비명을 지르고 밀어내면서 발버둥 치는 것뿐이었다. 판결문에 적힌 판단 이유가 전부 다 틀렸다고 말하기는 어렵겠지만, 피고인이 피해자가 저항하고 있었는지, 피해자의 의사에 반하는 일인지 정말 몰랐을까?

　　피고인은 당시 회식을 핑계로 피해자를 불러냈다. 조수석으로 넘어와 피해자의 치마를 올리니 피해자가 '스스로 속옷을 내렸다'라고 주장했다. 형사재판 도중 법정에서 돌발적인 주장도 많이 했다. 피고인의 정액이 묻은 피해자의 치마가 증거로 제출되자, 피고인은 정액 묻은 치마가 자발적 성관계의 증거라고 주장했다. 또 피해자는 다리가 벌어지거나 눌리면 극심한 통증을 느끼는 기왕증을 앓고 있었다. 이 점을 고려하면, 피해자가 극심한 통증을 호소하며 발버둥 쳤는데도 저항하는 줄 몰랐다는 피고인의 주장은 더더욱 이해할 수 없었다. 이렇듯 피고인의 변명은 납득하기 어려웠지만, 형사재판에서는 그의 주장이 인정되었다.

결국 피해자가 민사소송을 제기하자 그도 피해자에게 손해배상을 청구하고는 민사재판에 변호사와 함께 직접 나왔다. 그러면서 고소를 당한 것도, 재판을 받은 것도 억울하다고 말했다.

직업이 직업이다 보니 비단 이 사건에서뿐 아니라 비슷한 생각을 하는 피의자들이나 피고인들을 자주 접한다. 강간으로 기소가 안 되었다면, 그리고 유죄판결이 난 게 아니라면 잘못이 없다는 발상과 믿음은 어디서 비롯된 것일까? 증거가 불충분해서 범죄 혐의가 인정되지 않았다 하더라도, 그 사건이 민사상 배상 책임이 따르는 불법행위가 아니라는 말은 아니다. 최근 성범죄와 관련하여 형사재판 판결과는 다른 민사재판 판결이 꾸준히 나오고 있다. 더구나 2021년이라면 충분히 기소되고 유죄로 판결이 날 사건들인데, 불과 3~4년 전만 하더라도 무죄가 선고되거나 기소조차 되지 못한 경우도 많았다. 그 당시에야 형사처벌을 면했을지 몰라도, 문제가 된 행위는 분명한 잘못이기 때문에 늦었지만 이러한 민사 판결이 이루어지는 것이다.

개별 사건에서 피해자를 제외하고 누구보다도 그 잘못을 가장 잘 아는 사람들은 피의자나 피고인 자신이다. 그런데도 그들은 법원이 판결을 내리기도 전에, 곧바로 고소를 당한 것이 마냥 억울하다는 입장을 취한다. 일말의 미안함이나 반성은 찾아볼 수 없는 뻔뻔한 태도가 이제는 괘씸하다 못해 신기하기까지 하다.

재판을 마치고 법원을 나서는데 피고가 벤츠 차량 조수석에 앉아 있는 자신의 전관 변호사를 향해 "수고하셨다"라며 고개를 조아리고 있었다. 나는 그 풍경을 물끄러미 바라보며 택시를 기다렸다. 재판에 동행한 변호사 후배가 물었다. "저 사람은 뭐가 그렇게 억울할까요?" 나는 동문서답을 했다. "저런 차 타고 저런 사람에게 인사를 받는 것보다는 그냥 택시 타는 게 낫지?"

갈 길은 멀지만 가야 할 길을 묵묵히 걸었던 날, 그렇게 봄날이 또 하루 지나갔다.

성 추문은 있으나
반성은 없다

2016년에는 유난히 유명 남성 연예인들의 성폭력 혐의와 관련된 보도가 많았다. 부드러운 남편이자 자상한 아빠 이미지를 구축해 온 연예인 A는 마사지사를 강간했다는 혐의로, 한국과 아시아권을 넘어 남미에서까지 각광받던 한류스타 B는 다수의 피해자를 화장실에서 강간한 혐의로, 잘생긴 외모와 탄탄한 연기로 사랑받은 배우 C는 소개받은 여성을 찾아가 강간했다는 혐의로 전파를 탔다.

이들 중 누군가는 성매매이기는 하지만 성폭력은 아니라는 판결을 받았고, 누군가는 피해자 중 일부가 고소 전에 돈을 요구했다는 이유로 오히려 피해자들이 무고죄와 공갈미수죄로 처벌받았고, 또 누군가는 담당 변호사가 공개적으로 무고라고 떠들며 사임한 덕분에 되레 무고죄로 기소되면서 가해자는 성폭행 혐의를 벗었다. 그리고 새해가 시작되자, 논란의 주인공들이 복귀한다는 소식이 들려왔다.

　　한국 사회에서 남성과 여성의 성적 스캔들을 대하는 태도가 다르다는 것은 특별한 일도, 새삼스러운 일도 아니다. 그러나 여성 연예인의 경우 성 추문으로 입에 오르내리게 되면 조기 복귀는커녕 시간이 한참 지난 후 돌아온다고 해도 다시 활동하기란 참으로 어려운 일이다. 물의를 일으킨 경우만 그런 것이 아니다. 심지어 자신의 사생활이 폭로된 피해자의 경우도 상황은 마찬가지다.

　　잘나가는 남성 연예인들이 성폭행 혐의로 고소를 당했다는 보도가 전해질 때면 잡지에 따라오는 별책부록처럼 함께 파생되는 논란이 있다. "꽃뱀 아니야?" 하는 피해자 여성에 대한 의심의 눈초리다. 하지만 자극적인 내용만 부각될 뿐, 이상하게도 사람들은 성폭행을 당한 피해자의 상처나 그 사건으로 인해 입은 피해에는 관심을 기울이지 않는다. 혹시라도 가해자가 억울한 상황에 처한 것은 아닐지 배려에 가까운 의혹이 제기되고, 이내 피해자를 의심하기 시작한다. 상황이 이렇다 보니 피해를 당하고도 신고했다가 되레 '꽃뱀'으로 몰리거나, 애꿎게 자기 신상만 공개될까 봐 두렵고 걱정스러운 마음부터 든다. 피해를 당한 입장인데, 가해자로부터 무고죄나 명예훼손죄로 맞고소를 당하게 되는 상황을 우려하게 되는 것이다.

이러한 현상은 피해 여성의 사회적 지위가 불안정할수록 더 빈번하게 발생한다. 피해를 입은 여성이 유흥업소 종사자거나 부와 명예가 있는 연예계 스타에게 호감을 먼저 보였다고 여겨지면 "여자가 뭘 바라고 그러는 거 아니야?", "남자가 뭐가 아쉬워서"라는 시선이 주렁주렁 이어진다.

성범죄는 다른 범죄와 달리 객관적 증거가 잘 남지 않는다. 나를 강간하거나 만졌다는 것도 입증하기가 어렵지만, 내가 원하지 않는 일을 강제로 당했다는 것을 입증하는 것은 더 어렵다. 그러다 보니 둘만 있었던 범죄 현장에서 서로 원했던 일이다, 아니다를 두고 다투게 된다. 강제였음을 밝힐 증거가 없다는 이유로 혹은 증거 불충분으로 사건이 흐지부지되거나, 때로는 피해자에게 무고가 아니라는 증거를 대보라는 적반하장의 상황도 발생한다.

성폭력으로 물의를 일으킨 연예계 스타들이 법원에서 유죄를 받지 않았다거나, 그들을 고소한 여성 중 일부가 공갈을 했다고 해서, 스타들이 잘못을 저지르지 않았다고 할 수 있을까? 성매매를 예시로 들어보자. 성매매는 벌금부터 실형까지 선고받을 수 있는 분명한 범죄다. 강제성이 입증되지 않았다고 해도 자신이 당한 일이 성폭력이었다고 토로한 피해자가 여럿 나왔다면, 고소인 중 한 명이 돈을 요구했다고한들 가해자의 행동에 아무런 문제가 없다고 볼 수 없다.

추문을 일으킨 이들이 대중 앞에서 자취를 감춘 그 잠깐 사이, 그 누구도 반성하거나 자숙했다는 이야기는 듣지 못했다. 그저 이들이 상대 여성들을 무고로, 명예훼손으로 고소했고 성폭행 범죄 혐의에 있어서는 유죄를 받지 않았다는 소식만 들려올 뿐이었다. 성폭행 범죄 혐의를 벗었거나 아직 범죄가 확정되지 않았다고 해도, 이들은 자신의 행동을 진지하게 돌아보고 반성해야 한다. 이들을 아끼고 사랑했던 대중도, 이들로부터 피해를 주장한 이들도 크나큰 상처를 받았기 때문이다.

대체 이들을 이렇게 빨리 복귀시키는 것은 누구인가. 한국 사회의 비뚤어진 성 관념과 계급 의식을 이제는 돌아봐야 하지 않을까.

성범죄의
본질은 같다

웬일로 한국에서 디지털 성범죄가 대중의 공분을 샀
다. 많은 사람이 운영 주체뿐만이 아니라 가입자들에 대
한 처벌도 원했다. 가입자들 전부를 처벌하는 것이 법적
으로나 현실적으로나 어렵다는 이야기가 돌자, 가입자 전
원의 신원을 공개해 달라는 요구가 빗발쳤다. 2020년 한
국, 'n번방 사건' 이야기다.

대중의 분노와 질타는 폭발적이었다. 언론은 앞다퉈
운영자를 비롯한 연루자들뿐만 아니라 법원의 안일한 판
단이 디지털 성범죄를 양산했다는 기사를 쏟아냈다. 모든
문제를 양산한 원인이 법원에, 그러므로 문제를 해결할 책
임도 법원에 있는 것 같았다. 분명 법원의 잘못도 있겠지

만, 실상 법원은 주인공이 아니다. 법원 홀로 입법 공백을 메꾸거나 수사와 기소의 부족함을 극복할 재간은 없다.

　　오히려 나는 'n번방 사건'이 뭐가 그렇게 충격적이냐고 되묻고 싶다. 그동안 수많은 'n번방 사건'이 있었다. 디지털 성범죄는 장구한 역사를 가졌다고 해도 손색이 없을 정도로 이어져 왔고, 그 사건들은 모두 미미한 처벌을 받았다. 소라넷으로 대표되는 웹하드 문제는 어떤가. 긴 시간 여성들의 절박한 노력 끝에 소라넷은 폐쇄되었지만, 이 문제가 수면 위로 떠오르고 논의되기까지도 너무 오랜 시간이 걸렸다. 그 이유는 무엇일까? 소라넷에 올라온 영상물들 중에서 성범죄 영상물로 짐작되는 비중이 적어서? 아동·청소년 피해자가 'n번방 사건'보다 적기 때문에? 「아동·청소년의 성보호에 관한 법률」에 따르면 피해자가 한국 나이로 스무 살이 되면 그해 1월 1일부터 아동·청소년 성 착취물의 피해자에 해당되지 않는다. 직접적인 폭행 및 협박을 받은 것이 아니더라도, 공개될 것을 알면서 울며 겨자 먹기 식으로 성 착취물을 찍은 경우, 스무 살이 된 지 하루만 지나도 피해자일 수 없는 것이 현실이다. 이들은 보호받지 않아도 괜찮은가.

　　웹하드 같은 것이 공공연히 판을 치게 된 데에는 대중의 외면도 큰 역할을 했다. 그간 피해자를 향한 시각은

냉소적이었다. 거기에는 '네가 찍었잖아'라는 책임 전가와 '남편 아닌 남자랑 섹스했잖아'라는 손가락질이 깔려 있다. 디지털밀레니엄저작권법◆의 시대로 넘어왔으나 여성을 '보호할 여성'과 '보호할 필요가 없는 여성'으로 나누는 구시대적 시각은 여전하다. 사람들은 디지털 성범죄 피해자는 따로 있다고 믿고 싶어 하고, 피해의 책임도 고스란히 피해자 개인의 몫으로 돌려왔다.

모 스튜디오에서 찍은 사진이 유출된 피해자 Y의 사건이나, 상영을 원하지 않는다고 말했음에도 가슴 노출 영상이 IPTV를 통해 송출된 K의 피해 사건도 'n번방 사건'과 본질이 다르지 않다.

Y가 촬영했던 당시 그는 21세를 갓 넘겼을 때였다. 사진 모델 일이라고 듣고 간 Y는 스무 명가량의 남성이 있는 밀폐된 공간에서 점진적으로 수위를 올려가며 노출을 요구받았다. Y는 처음에 이를 거부하지 못했다. 아르바이트가 절실한 입장이었고, 거절 의사를 표했다가는 이미 촬영된 사진들이 유포될까 봐 두려웠다. 그렇게 촬영이 반복됐고, 그 촬영물들은 결국 유포됐다. 이러한 사건은

◆ 자신의 저작권이 있는 영상이 허락 없이 올라가 있다는 사실을 소명하면 즉시 해당 저작물을 삭제해야 하는 법이다.

비단 Y만의 이야기가 아니다. 수사기관에서 확인한 바로만 열 명이 넘는 피해자들이 Y와 비슷한 경로를 거쳐 같은 피해를 입었다.

그러나 검찰은 촬영에 가담한 자들에 대해서는 어떤 책임도 묻지 않았다. 성 착취물을 보겠다고 모여든 n번방 가입자들과 이들은 무엇이 다른가? 휴대폰 액정이나 컴퓨터 모니터로 노출 사진을 보는 것은 흉악한 일이고, 여성의 성기에 카메라를 들이대고 렌즈를 통해 보는 것은 예술이나 취미인가? Y가 공개적으로 피해를 호소한 후에도 그의 촬영물을 본 사람들은 어떠한가? 그들은 디지털 성범죄 피해물을 보고 피해자를 비난하고 조롱하며 악성 댓글을 달았다. 돈을 안 내고 영상물을 봤기 때문에, 혹은 그들이 본 영상물을 불특정 다수가 봤다고 해서 잘못이 덜해지는 것이 아니다.

피해자들의 비명은 오랜 세월 한국 사회에서 외면받았다. 불과 1~2년 전에도 'n번방 사건'과 본질이 다르지 않은 사건들이 있었다. 모든 사건마다 영상을 통해 돈을 번 자들이 있었고, 피해자들이 있음을 뻔히 알면서도 그 영상을 본 자들이 있었다. 우리는 아무도 처벌하지 않았고, 피해자들의 고통은 오늘도 계속되고 있다. 'n번방 사건'은 우리 사회가 함께 낳은 결과물인 것이다.

　사람들은 이제 디지털 성범죄 피해물임을 알면서 영상을 보는 것이 가해임을 알게 되었다. 그리고 너무나 광범위한 가해의 행렬이 우리를 둘러싸고 있다는 사실도 마주했다. 동시에 사람들은 그간 이런 가해자들이 처벌받지 않았음을, 딱히 처벌할 수 있는 법이 없음을 학습했다. 이제야 비로소 대중의 분노가 쏟아지는 중이지만, 이런 사건들이 실제로 처벌로 이어지기까지는 적지 않은 시간이 걸릴 것이다. 그러는 사이 피해자들 대개가 구제는커녕 여전히 그 피해와 고통을 이고 지고 살게 될 것이 뻔하다.

　속수무책으로 이들을 바라만 봐야 하는 상황은 너무나 끔찍하다. 그러니 사람들이 n번방 가입자들에 대한 신상 공개에 집착하는 것이다. 하지만 현실적으로 가입자들에 대한 신상 공개는 어려울뿐더러, 이는 가해자에 대한 실질적인 처벌이라고 할 수 없다. 실제로는 피해자의 고통을 덜어주지 못하는 공허한 대책일 뿐이다.

　맞다. 디지털 성범죄에 있어 우리 사회는 첫 단추부터 잘못 끼웠던 것이다. 판도라의 상자가 이제야 열렸을 뿐, 애초에 그 상자는 그곳에 늘 있었다. 상자 밖으로 튀어나온 이 끔찍함은 진즉 없애야 할 숙제였다.

　시간이 걸리더라도 단추는 다시 제대로 끼우면 된다. 그러므로 지금 우리에게 필요한 건 긴급한 대안이 아

니라 사건의 본질에 대한 깊은 고민과 피해자를 위한 제
대로 된 개선책이다. 그 시작점이 바로 'n번방 사건'에 대
한 반성과 사건 본질의 탐색일 것이다.

어떤 폭력이
처벌되는가

디지털 시대, 어렵고 시간 걸리는 인연 맺기를 단박에 해결해 줄 것 같은 솔깃한 수단들이 생겨났다. 즉석 만남 앱이니 소개팅 앱, 혹은 게임을 하면서 생성된 대화창들, 밴드 같은 것들이 그러하다. 대면해서 감수해야 할 것들이 사라진 상태에서, 상대의 마음을 얻는 것은 실제로 확인할 수 없는 '스펙'과 겉모습 그리고 달콤한 말들이다.

소개팅 앱을 통해 만나게 되었어요. 그 사람은 저를 처음 본 순간 반했다고 했고, 굉장히 적극적이었어요. 첫 데이트를 마치고 헤어지는데 아쉽다며, 와인 한잔하며 영화를 보자고 했어요. 걱정하는 일도 하지 않을 거라고 약속도 했어요. 저는 너무 늦지 않게 결혼하고 싶기도 했고, 조건도 나쁘지 않은 사람이 제게 구애하는 것이 싫지 않았어요. 그래서 그 사람이 묵고 있다는 호텔에 들어갔는데, 결국 성관계를 하게 되었어요. 제가 싫다고 해서 실랑이가 좀 있었지만, 결혼을 전제로 사귀기로 했는데 계속 뿌리치기가 좀 그랬어요. 그런데 막상 그날 이후 연락도 잘 되지 않고 잘 만나지 못하는 중이에요. 속은 것 같아요.

온라인 게임을 하면서 채팅을 하게 되었고, 데이트 약속을 잡게 되었어요. 두어 번 만난 끝에 상대가 졸라서 저희 집에 들어오게 됐고, 관계를 맺었어요. 그런데 그날 이후로 그 사람이 제게 민망한 사진을 찍어서 보내달라고 했어요. 거절하니까 만남을 피하기 시작했어요. 화가 나서 관계를 정리하려고 하자 잠수를 탔어요. 지금까지도 제 연락을 안 받고 있는데, 아무래도 사랑한다고 속이고 성관계를 한 것 같아요.

이런 종류의 하소연을 자주 들어왔다. 이런 이야기를 처음 접하던 때에는 마음에 갈등이 있었다. 순수한 마음을 악용하는 상대방이 나쁘긴 한데, 과거에는 합의해서 맺은 관계였을 텐데 사귀지 않게 되었다거나 급격히 파국을 맞았다고 해서 범죄로 여기는 것이 옳은지 고민하기도 했다. 그런데 시간이 좀 더 흐르고 비슷한 사연들을 접하며 생각이 바뀌었다. 사랑하는 마음을 악용당한 이들이 입은 내상이 예상보다 훨씬 컸기 때문이다.

　　우리가 나쁘다고 말하는 행동들이 모두 범죄이거나 불법성이 있다고 인정되지는 않는다. 성인 기준 성범죄로 의율되는 간음은 폭행, 협박, 피해자의 항거불능 상태, 업무상 위력 등이 동원되었을 경우다. 여기에 상대의 마음을 악용하고 속여서 범죄를 행하는 것은 포함되지 않는다. 그런데 이 기준이 꼭 옳은 걸까? 성관계 목적임을 속인 상태로 관계를 유지하는 것이 불법적 행위보다 덜 나쁘다는 것은 누구의 기준일까? 이런 피해를 입은 사람들이 받는 상처가, 범죄행위 피해자의 마음만큼은 아니라고 단언할 수 있을까? 상처를 주는 이들은 타인의 마음을 악용하는 것도 대단한 능력이라거나 속은 사람이 잘못이라는 궤변을 늘어놓는다. 궤변을 가능하게 하는 건 사회가 가해자에게 사뭇 관용적이었기 때문이다. 우리 사회는 오랜 기간 그런 나쁜 사람들의 말에 귀 기울이며 은연중에 '속인 게 나쁘긴 한데 속은 게 더 문제'라며 한발 물러서 있었다. 그러니 이런 사건들에 있어서 지금까지의 기준이 꼭 옳다고 단언하기 어렵다.

사람을 사랑하는 것도 사랑을 꿈꾸는 것도 잘못이 아니다. 하지만 디지털 수단을 이용하기 앞서 이를 통해 이루어지는 온라인 모임과 채팅 등의 문화를 먼저 이해할 필요가 있다. 물론 다음에서 말하는 전반적 특성이 모두에게 100퍼센트 적용되는 것은 아니다.

디지털 앱을 통하면 상대방의 정보를 손쉽게 찾을 수 있으며, 무엇보다 매우 빠르게 상대를 만나볼 수 있다는 장점이 있다. 따라서 이용자는 본인과 잘 맞는 사람을 찾기 위해 데이트 앱을 이용하지만, 실제로 디지털 앱으로는 각자 올려둔 정보를 검증하는 데 한계가 있다. 가입한 이와 그 이름으로 접속한 이가 같은 사람인지, 올려둔 정보가 정말로 위변조가 없는 자료인지 확인할 길이 없다. 사실과 다른 경우가 있다고 해도, 책임질 주체가 누구인지를 따지는 것도 어려운 일이다. 한편 진지하게 사랑을 꿈꾸는 사람만큼이나, 하룻밤 또는 한동안의 섹스 파트너를 찾아 쉽게 만났다 헤어질 수 있는 만남을 원하는 사람도 많다. 상담을 하다 보면, 사랑과 연애를 목적으로 디지털 앱을 이용했던 여성들이 육체적 교류를 목적으로 하는 남성들을 만나 어려움을 겪는 일들이 적지 않다.

단순히 디지털 수단을 통한 만남을 해서는 안 된다거나 지양하자는 것이 아니다. 적어도 이렇게 쉽고 빠른 수단이 갖는 속성과 그 안에 어떤 사람들이 공존하는지를 인지하고 이용해야 한다. 지금껏 우리 사회는 성교육이나 성폭력 예방 교육을 시행해 왔지만, 정작 어떤 경우에 범죄가 되는지, 어떤 일이 범죄는 아니지만 인간을 훼손시키는 일인지, 진솔한 마음에 기생하여 타인을 착취하는 일이 얼마나 비루하고 천박한지는 가르쳐 오지 않았다. 범죄냐 아니냐, 부끄러운 일이냐 자랑스러운 일이냐를 나누는 기준이, 가해자의 입장에만 편향되어 나타난 오류다.

　　불편하더라도 현실 속 상황을 이야기해야 한다. 혹여라도 상처받는 입장이 될 수 있음을 미리 알려주고, 상처를 주는 것이 부끄러운 일임을 가르쳐야 한다.

스텔싱,
일단 시작한 후
자행되는 폭력

아는 오빠에게 괜찮은 후배랑 있다면서 나올 수 있느냐고 연락이 왔어요. 소개팅인가 싶었고, 꼭 잘되진 않더라도 가벼운 술자리 정도라면 나가서 사람들과 어울리고 싶었어요. 처음 만난 자리지만, 술을 마시며 자정까지 이야기를 나누었어요. 그러다가 아는 오빠가 먼저 가고 둘만 남게 되었어요. 그 후배가 취했다면서 못 걷겠다고 했어요. 그래서 인근 모텔에 일단 들어가게 되었어요. 그런데 방 안에 들어가니 술이 깼다며 자꾸 성관계를 원했어요. 저는 사귀자는 거라고 생각했고, 망설이다가 콘돔이 있어야 한다고 했어요. 그런데 성관계 도중에 그 후배가 콘돔을 뺐어요. 당황해서 '어, 어, 안돼, 가임 기간이야'라고 말한 게 전부였고 순식간에 상황이 끝나버렸어요. 너무 황당했지만, 이미 벌어진 일이기도 하고 술을 마시기도 해서 잠이 들었어요. 아침에 일어나서 헤어졌는데, 그 후배가 이후로 제 연락을 읽고도 답을 하지 않더라고요. 이것만으로도 황당하고 불쾌했지만, 다음 생리를 할 때까지 3~4주간 저는 지옥에서 사는 것 같았어요. 이런 상황에서 임신하면 어떡하나 싶었고요. 너무 화가 나요. 다행히 임신이 되지 않은 걸 확인하고 문자를 보내 사과를 요구했더니, '동의하에 성관계를 가졌고 사귀기로 한 적이 없지 않느냐'라며 '이유가 뭐든 기분이 나빴다면 미안하다'라는 식의 답장이 왔어요. 고소하고 싶어요.

성폭력 사건을 중심으로 법률 사무를 하다 보면, 자주는 아니지만 주기적으로 접하게 되는 사건들이 있다. 콘돔을 낀 성관계에는 동의했지만, 상대방이 성관계 중에 일방적으로 콘돔을 뺐다거나 또는 1차 성관계가 끝난 후 잠들었는데 깨어나 보니 콘돔 없이 상대방이 성관계를 하고 있었다는 내용의 사건들이다. 또 처음부터 일부러 콘돔에 구멍을 내는 등 하자를 만든 탓에 임신하게 되었는데, 신고할 수 없는지 묻는 경우도 있었다. 소위 '스텔싱stealthing'이라고 불리는 사건들이다.

스텔싱 사건 상담의 경우, 대부분 피해자가 원하는 해답이나 방향성을 제시해 주기 어렵다. 한국에서 강간죄나 준강간죄로 의율되는 범죄들은 당사자의 의사에 반하여 이루어지는 간음을 전제로 한다. 직설적으로 말하자면 저항하기 어려운 폭행·협박에 의한 것이든, 술·약물·기타 원인으로 인한 피해자의 항거불능 상태에 의한 것이든, 피해자가 원하지 않는데 성기를 삽입하는 상황을 의미한다. 콘돔을 장착해야 한다는 조건하에서는 성관계에 동의했으나 이후의 성관계 과정에서 발생하는 스텔싱의 경우, 성관계에 대해서는 양자 간에 동의가 된 상황이니 현행법상 성범죄로 처벌할 방법이 없다. 가해자가 콘돔을 빼는 과정에서 피해자가 이를 알아차리고 저항했는데, 가해자가 폭행·협박으로 이를 제압하고 다시 삽입했다면 이야기가 좀 달라진다.

그러나 현실에서 자주 벌어지는 상황은 조금 다르다. 현실의 피해자들은 대개 행위가 끝난 후에야 스텔싱 사실을 알게 되거나, 중간에 알게 되더라도 당황해서 기껏해야 '싫어', '뭐 하는 거야' 같은 외마디 의사표시를 하는 경우가 대부분이다. 심지어 일부러 콘돔에 하자를 만들어 가지고 다니는 변태성 가해자를 만나게 되면, 나중에 임신 사실을 알고 나서야 의심하게 되는 경우도 많다. 그마저도 콘돔의 자체적인 하자인지, 고의에 의한 하자인지를 입증할 방법이 없다. 그렇게 해서 원치 않는 임신을 하게 된 경우, 상해라고 할 것인지 또는 민사상 불법행위로 볼 수 있는지조차 현재로선 명확하게 답하기 어렵다. 물론 개별 사건마다 과정과 결과가 모두 다르니 통칭해서 단언하기는 어렵지만, 스텔싱 행위 자체만으로는 현행법상 보호받기가 쉽지 않다.

앞에서 언급한 사건도 예외가 아니다. 스텔싱은 연인 간에도 종종 발생하지만, 연인 관계가 아닌 경우에 더 빈번하다. 연인 관계에서는 스텔싱보다는 애초에 소위 '노콘'이라고 불리는 콘돔 없는 섹스를 강요하는 일이 자주 문제가 된다. 서로 다투는 과정에서 피해자는 울며 겨자 먹기 식으로, 그 빌어먹을 '사랑'이란 이름하에 콘돔을 '포기'하고, 그도 아니면 헤어진다. 물론 심신이 건강한 상대라면 스텔싱이든 노콘이든 자신의 연인이 고통스러워하는 일을 할 리가 없다.

앞서 말한 사건도 '그날 만난 사람'에게 당한 피해다. 낯선 사람으로부터 스텔싱을 당한 피해자에게 '임신'이란 두 글자는 세상에서 가장 두려운 공포가 된다. 계획에도 없고 원하지도 않는 임신을 덜컥 하는 것도 난감하지만, 임신하지 않았다는 것을 확인할 때까지 피해자가 겪는 마음고생이라 말로 설명하기조차 어렵다. 옆에 있지도 않은 가해자와 이런 마음고생을 나누기도 어렵지만, 설령 임신했다거나 임신할 우려가 있다고 해서 이렇게 무책임했던 상대와 미래를 함께하기로 결정하는 것 역시 답이 될 수 없을 것이다. 아니나 다를까. 무분별한 스텔싱을 한 가해자의 답변은 무책임했다. "그나마 저런 놈과 덜컥 사귀게 되지 않아 얼마나 다행이냐"라는 말로 상담을 마쳤지만 마음이 편치 않았다.

언제쯤 한국에서 스텔싱을 처벌하는 날이 올지, 그런 날이 오기는 할지, 현재로서는 가늠도 되지 않는다. 그렇다고 피해자들에게 이런 일이 생기면 그저 운이 나빴다고 여기고 똥 밟은 셈 치라고만 할 수는 없는 노릇이다. 처음부터 끝까지 상대가 원하지 않는 짓을 일방적 욕구로 자행하는 것, 그것이 바로 폭력이다. 변호사로서 스텔싱과 관련해서 빠르게 수립할 수 있고, 수립해야 한다고 생각하는 입법과 정책 방향은 임신과 양육에 대한 엄격한 쌍방 책임 부여다. 양육비는 물론이고 임신해서 출산을 하는 데까지 드는 비용도, 임신했지만 출산이 여의치 않아 임신중지를 하게 되는 경우의 비용도, 당사자들 모두가 함께 부담하도록 책임을 부여해야 한다. 법원에서 과거보다 양육비를 많이 상향하기는 했지만, 이혼 전후의 양육 환경이 크게 달라지지 않고 일정하게 유지될 수 있도록 양육비를 다시 책정해야 한다. 또한, 양육비를 주지 않는 일방에 대해서는, 아이와 양육자의 입장에서 빠르고 손쉽게 양육비를 요구하고 집행할 수 있는 법과 정책이 필요하다.

　　콘돔을 빼는 행위가, 그로 인한 어떤 쾌락을 상대의 신체와 생명과 인생보다 중요하게 여기는 사람들에게 이 정도의 책임을 부여하는 것은 당연하지 않을까? 당장 스텔싱을 처벌하기도 어렵고, 법을 도입한다고 해도 스텔싱 행위임을 입증하기란 어려울 것이다. 그렇다고 해도 임신은 자기 행위의 결과이므로, 그에 따른 책임은 같이 지어야 할 것이다. 분명 도의적인 책임이 있으나 법으로 처벌하기 어려운 사람들이 가하는 가해를, 그런 사람들을 만났던 대가인 양 개인에게 미루는 것은 옳지 않다. 도의적인 책임을, 자신의 행동으로 인해 타인이 짊어지게 될 고통을 무겁게 느끼지 않는 사람들을 규율하는 방법은 생각보다 간단하다. 현실적인 책임을, 법적인 책임을 부여하면 될 일이다.

'낙태'를
고민하지 않는
세상에서

1993년, 대학교에 입학했다. 전공이 포르투갈어였
는데 법학 수업이 재미있어서 여러 관련 과목을 수강하게
되었다. 당시 내가 다닌 학교의 법학과에는 남학생이 압도
적으로 많았다. '형법각론' 수업을 수강했을 땐, 그 반 수강
생 중 여학생은 나뿐이었다. 그 수업에서 갑론을박 난상토
론이 벌어졌던 주제 중 하나가 '낙태죄' 문제였다. 당시 낙
태죄 폐지를 주장했던 나는, 그 수업을 듣는 법학과 남학
생들을 대상으로 박 터지는 싸움을 벌였다. 그런 대찬 시
절의 기억도 가물가물해지고 27년이 지나서야 임신 주수
14주까지는 임신중지를 허용해야 한다는 헌법재판소의
결정을 듣게 되었다.◆

헌법재판소의 판결을 보고, 한 사건이 떠올랐다. A
의 간절한 바람에도 불구하고 연애는 끝이 났다. 하지만
그는 마음을 접지 못했다. 나쁜 사람과의 연애가 제대로
마무리되지 못한 대가는 혹독했다. 옛 연인은 "사귀는 것
은 아니야"라면서도 A를 계속 찾아와 성관계를 요구했다.
그에게 그 성관계는 쉽게 찾을 수 있는 욕망의 분출구에
불과했지만, A에게는 혹시 모를 희망이었다. 그런 일들이
1년 넘게 이어지면서 A가 임신을 했다. A는 아이를 낳고
싶어 했다. 하지만 임신 사실을 알린 날 들은 대답은 "우리
가 어떻게 애를 낳느냐"였다. A가 사귀는 관계도 아니니
간섭하지 말라고 하자, 갑자기 그 남자가 "오늘부터 다시
사귀자"라며 임신중지 수술을 받으라고 했다. A가 혼자 사
는 집에 그는 자신의 엄마까지 대동해 나타나 다툼이 벌어
졌다.

A의 임신은 축복이 아니었다. A는 임신 12주차가 되
기 전에 임신중지 수술을 받았다. 그 남자가 원하지 않아
서도 아니고, 그의 엄마가 부린 행패 때문도 아니었다. 임
신한 줄 모르고 우울증 약을 복용했는데, 혹시라도 아기가

◆ 2019년 4월 11일 임신중지 수술을 받은 여성과 수술을 한 의료인
등을 '낙태죄'로 처벌하는 형법 조항이 헌법불합치라는 결정이 나왔다.

자기처럼 아프게 태어날까 봐 걱정됐다. 그 후 그 남자는 A가 임신중지 수술비 절반을 달라고 한 것이 공갈이라고 고소했다. 당시만 해도 강간이나 유전병 등 매우 좁은 조건이 충족되어야 임신중지 수술이 허용됐다. 카드 결제나 건강보험 적용 등 공시적 기록이 남는 행위를 할 수는 없었지만, 임신중지 수술은 버젓이 존재했다. 그러나 A는 임신도, '낙태'도 증명할 수 없었다. 검사는 A를 공갈죄로 기소했고, 판사는 벌금형에 대한 집행유예 판결을 내리며 A에 대해 유죄판결을 내렸다. 2017년의 임신과 2019년의 공갈죄에 대한 기록이다.

사건을 맡았을 땐, 이미 A가 공갈죄로 기소되어 재판을 받는 중이었다. 사건을 수사 단계에서 맡았더라면 A가 불기소되었다고 장담할 수 있을까?

당시 검사가 A에게 요구했던 것은 '낙태를 했다'라는 객관적 증거였다. A는 임신 테스트기를 찍어 남자에게 보낸 사진이나 대화 기록은 갖고 있었지만, 단 한 장의, 단 한 줄의 의료기록은 얻을 길이 없었다. 2019년 초까지만 해도 '낙태'는 불법이었기 때문이다. 병원은 불법을 자인하는 확인증을 써주지 않았다. 입장을 바꿔놓고 생각하면 병원 입장도 이해가 안 되는 것은 아니었다. 결국 A는 임신중지 수술비 절반과 남자의 엄마와 싸우다 다친 손가락

치료비를 더해 60만 원을 요구했다는 이유로 공갈죄로 기소됐다.

　　사실 검사가 '낙태' 관련 증거를 요구한 건 A를 기소하지 않기 위해서였을 거다. 연인이었던 남자의 배신과 그 엄마로부터 받은 상처, 아이를 포기해야 하는 아픔 속에서 A가 고운 말로 그 남자랑 대화했을 리가 만무했다. 날선 말들을 주고받고 금전을 요구했으니 공갈죄의 성립요건은 갖춰진 셈이었다. 검사도 A의 사정이 딱해 불기소할 만한 그럴듯한 사유를 찾고 싶었던 것 같다. 하지만 직접 임신중지를 할 일이 없었을 검사가 놓친 것이 있었다. 그때까지 '낙태'는 공공연히 이루어졌으나 엄연히 불법이었다. A가 미래를 내다보며 임신중지 수술을 받으러 갈 때 녹음기를 켜둔 게 아닌 한, 임신중지를 입증할 길은 요원했다. A가 검사에게 이 사실을 설명하긴 어려웠다. 공갈죄로 기소될 무렵의 A는 가장 가까웠던 연인에게 버려지고 차마 외면하기 어려운 배 속의 아이마저 포기하며 피폐해질 대로 피폐해져 있었다.

　　마음을 채 거두지 못한 옛 연인을 섹스 파트너로 전락시킨 남자가 A의 임신에 무책임했던 건 놀랄 일도 아니었다. 당시 A의 '낙태'는 엄연히 불법이었고 범죄였지만, 남자의 행동은 범죄도 아니었고 불법도 아니었다.

원칙대로만 따지면 A가 60만 원을 요구함으로써 저지른 공갈죄보다 '낙태'가 중한 범죄였다. 하지만 그 법정 안에서는 아무도 A의 임신중지를 문제 삼지도, 비난하지도 않았다. 법정 안에는 절로 욕이 나오게 만드는 공갈죄의 피해자와, 안쓰러움의 탄식을 하게 만드는 피고인이 있었다. 그 자리에 있던 판사도, 공판 검사도, 심지어 그 사건의 피해자라는 남자도, A의 '낙태'에 대해 거론하지 않았다. A는 법정에서 낙태를 입증할 수 없었지만, 아무도 A가 임신중지를 했다는 말을 의심하지 않았다. 그 자리에 있는 누구도 태아의 생명권을 운운하지 않았다. 그의 재판은 남성 판사와 검사 모두에게 임신중지를 선택한 여성의 삶을 가장 가까이에서 들여다본 사건이 되었을 것이다.

낙태죄가 폐지된 이후라면 이 사건의 결과가 달라졌을까? 그랬을 가능성이 크다. 병원에서 없던 진료 기록을 만들어 주진 못해도, 임신중지 수술이 더 이상 죄가 아니라면 의사든 간호사든 시술을 받았다는 말을 해줄 가능성이 크기 때문이다. 그렇다면 또 한 가지 의문이 든다. A가 임신 14주 이내가 아닌, 하루라도 넘겨버린 시점에서 임신중지를 했더라면 어떻게 되는 것일까? 낙태죄가 완전히 폐지된 것이라면 모를까, 14주라는 시간을 하루라도 넘은 사건들은 또 같은 문제에 봉착하게 된다.

난감한 일들은 열악한 환경에서 보다 빈번하게 발생한다. 아기를 혼자 낳고 키울 수 있을 만큼 비교적 사회·경제적인 어려움이 적고, 임신을 했다는 사실이 현재의 삶을 막막하게 만드는 것이 아니라면, 아이를 낳아 기르고 싶은 바람이 가장 큰 사람은 여성 자신일 것이다. 그러니 임신중지를 직접 종용하는 것은 물론이고, 임신 사실을 듣고 출산과 양육을 함께 책임지겠다고 하지 않는 것도 분명 폭력이다.

낙태죄를 둘러싼 공방의 쟁점은 '여성의 신체에 대한 자기결정권'과 '태아의 생명권'이다. 이 두 쟁점은 주로 여성 대 남성이라는 대립 구도 안에서 진행되어 왔다. 나는 이것이 온당한 문제 제기가 아니라고 생각한다. 임신중지는 여성의 심신에 직접적인 후유증을 남기고, 임신중지를 한 여성 중 상당수는 평생 죄책감에 시달리기도 한다. '낙태죄' 이슈에서 남성이라고 태아의 생명권 주장을 할 수 없다는 것은 아니지만, 남성이 태아의 생명권을 대변하는 것처럼 여겨지며 남녀 대결 구도로 이 문제를 바라보는 것이 옳지도 않고 문제의 본질과도 거리가 있다는 이야기다.

이 글은 사랑에 대한 것이기도 하고, 섹스에 대한 것이기도 하고, '낙태'에 대한 것이기도 하다. '낙태'를 고민하지 않아도 되는 세상에서, 여성들이 각자의 임신을 축복

으로 여기고 고립되지 않은 채 육아를 해나갈 수 있는 날
들이 이어지기를 간절히 희망한다.

폭력의 외연을
넓혀야 한다

온라인 게임을 하다가 가해자를 알게 되었습니다. 저보다 열 살 정도 많았지만, 학교에서 있었던 일들이나 집에서 하기 어려운 이야기들을 편하게 말할 수 있었습니다. 가해자와 이성 교제를 하고 싶은 것은 전혀 아니었는데, 원치 않는 성관계를 하게 되었습니다. 고등학생인 저는 술도 마신 데다가 순식간에 일어난 일이라 제대로 저항을 못 해서, 성폭행으로 신고할 수도 없을 것 같았습니다. 이후 가해자가 용돈이라며 돈을 주거나, 선물이라며 물건을 사주기도 했는데, 그때마다 성관계도 요구했습니다. 무서워서 거절하지 못했어요. 가해자가 제 연락처나 이름, 얼굴을 다 아는데 혹시라도 부모님이나 주변 사람들이 알게 될까 봐 걱정됐습니다. 그 사람은 제가 메신저 답장을 조금만 늦게 해도 "너희 집 근처 XX카페가 새로 문을 열었더라", "다음 주가 너희 학교 축제지?" 같은 말을 했습니다. 그럴 때마다 겁이 덜컥 났습니다.

그러다가 평소에 알고 지낸 남자애가 제가 원조교제를 하는 걸 안다고 말했습니다. 그러면서 만나달라고 했고, 성관계를 요구했습니다. 이런 자리에 여러 번 불려 나가고 나서야 끝이 났습니다. "내 말 안 들으면 다 까발릴 거야"라고 직접적으로 말한 적은 없지만, 제가 연락을 피하면 "너를 좋아한다"라는 말과 함께 "다른 애들은 전혀 모르겠지?" 같은 말을 했습니다. 제게는 그 말이 "언제든 까발릴 수 있어"로 들렸습니다.

불과 얼마 전까지만 해도 한국 사회에서 여성의 순결에 대해 갑론을박하던 때가 있었다. 동시에 '문란'이라는 단어는 '순결하지 않다'라는 의미로 여겨졌다. 도덕이나 질서, 규범 따위가 어지럽다는 단어 본연의 의미와도 어긋났지만, 이 단어가 남녀 모두에게 같은 무게로 적용되는 것도 아니었다. 여성이 성 경험을 갖고 있으면 곧 문란하다고 여기던 시절이었다. 반면 성에 대한 경험치를 가진 남성은 '능력'이 있는 사람으로 평가되고는 했다. 지금은 달라졌을까? 시간이 흐르고 사회가 변화하면서 이런 생각들도 많이 바뀌었지만, 여전히 어른들의 세계에서도, 아이들의 세계에서도 '문란'은 여성을 향해 낙인을 찍는 단어로 사용되고 있다.

이런 시선 때문에 여전히 많은 피해자가 각종 성범죄 피해를 입고도 이를 입 밖으로 쉽게 꺼내놓지 못하고 있다. 피해 사실이 제대로 조사되고 처리될 수 있을지에 대한 걱정과 불신도 있겠지만, 사건이 알려지면 가족이나 학교, 또래 커뮤니티 안에서 '문란'한 사람으로 낙인찍히지는 않을까 불안감이 크기 때문이다. 현실에 발을 딛고 자라난 이 불안감은 정말 쉽게 현실이 되기도 한다. 피해 직후 제대로 보호를 받지 못하는 것을 물론이고 향후 피해 사실을 말할 때도, 반대로 말을 하지 못하는 경우에도, 후속 피해들이 이어지기 십상이다.

이 사례의 피해자는 자신의 의사에 반하는 성관계를 해야 했고, 그걸 가해자들이 몰랐다고 보기는 어려울 것이다. 그러니 피해자가 입은 피해가 강간죄로 인정되어 처벌되는지 여부는 세부적 내용과 입증에 따라 달라질지라도 피해자가 성폭력을 당했다는 사실은 분명하다.

최초로 성폭력 피해를 입었을 때 피해자는 고등학교 2학년이었고, 이후 고등학교 3학년 시절에도 같은 피해를 당했다. 명백한 성폭력임에도 피해자는 고소하지 못했고, 주변에 알리지도 못했다. 피해자가 성인 가해자로부터 입은 최초의 성폭력 피해를 바로 고소했다면, 가해자가 처벌되었을 가능성이 매우 높다. 그러지 못했다고 하더라도 피해자가 계속하여 원치 않는 성관계 요구를 받던 중, 그때라도 법에 도움을 청했더라면 어쩌면 두 번째 또래 가해자로부터의 피해는 겪지 않았을 것이다. 하지만 피해자는 도움을 청하지 못했고, 피해는 누적되었다.

피해자로 하여금 대처하지 못하도록 막은 것은 '문란'이라는 낙인이었다. 피해자는 도움을 청했을 때 가족이나 학교에서 종래에 '문란한 여자아이', '몸을 함부로 굴리는 여자아이'로 손가락질 받을 것이 걱정됐을 것이고, 또래 집단에서 또는 사이버상에서 조롱의 대상이 되고 소외될 것이 두려웠을 것이다. 주변에서, 혹은 언론 보도 등을 통해서 직간접적으로 이런 일들을 너무 흔하게 겪게 된다. 비단 이 피해자뿐만이 아니라 연령이나 신분이 다른 많은 피해자도 공통적으로 비슷한 공포를 느낀다.

최근까지 가장 논란이 되는 문제 중 하나가 현재 형법이 강간죄의 성립 요건으로 '최협의설'을 채택하고 있다는 점이다. 즉, 피해자가 사력을 다해 저항해야 하고, 이를 완전히 억압하는 수준의 폭행이 이루어져야 강간죄로 인

정한다는 뜻인데, 기실 이런 해석에도 여성의 성을 바라
보는 잘못된 가치관이 투영되어 있다. 긴 시간 우리 사회
가 피해자에게 요구한 '사력을 다한 저항'은 피해자의 기
준이 아닌 가해자의 기준이었다. 물리적·사회적 약자인
피해자의 입장에서 성범죄가 발생하는 맥락을 전혀 반영
하지 않은 것이다. 따라서 피해자가 사력을 다해 저항했
다고 평가받지 못하면 범죄 피해를 인정받지 못했고, 인
정받지 못한 피해는 피해자가 일상에서 문란하거나 자기
처신을 제대로 하지 못해 좋지 않은 일을 겪었다는 식으
로 전락하고는 하였다. 이는 가진 정보나 재화가 적고 지
위가 취약한 피해자들을 행동하지 못하게 하는 족쇄가 되
었다.

그런데 성범죄에 있어서 피해자의 성적 자기결정권
을 억압하는 요인은 비단 물리적 유형력만은 아니다. '협
박'을 판단하는 데도 비슷한 한계가 존재한다. 사법기관이
협박으로 인정하는 해악의 고지는 '얼굴을 갈아버리겠다',
'말을 안 들으면 죽여버리겠다' 등 물리적인 해악을 명시
하고 있거나 '거짓말을 폭로해서 망신을 주겠다'라는 등
정도가 중한 해악을 구체적으로 포함해야 한다. 법에서는
'객관적으로 두려움을 느낄 만한' 해악의 고지를 요구한다
고 표현해 왔지만, 이 역시도 피해자의 상황을 고려하지

않은, 매우 평온한 상태의 일반인들이 두려움을 느낄 만한 내용을 기준으로 삼고 있다. 더구나 아무런 일을 겪지 않은 사람이 상상하는 공포감과 갑작스럽게 당혹스러운 상황에 내몰린 피해자들이 느끼는 공포감의 차이는 크다. 즉, 피해자가 두려워했던 협박을 두고, 법이 그 정도로는 두려움을 느끼면 안 된다고 말하는 아이러니가 발생하는 것이다.

피해자 입장에서는 가해자가 그저 자신의 인적 사항을 알고 있다는 간단한 표현을 하는 것만으로도 가해자의 웬만한 요구에 무방비로 대응할 수밖에 없게 된다. 피해자의 연령, 지위, 가해자와의 관계, 언동이 행해진 전반적 맥락 등을 종합하여 가해자의 언동이 피해자에게 의미하는 바를 평가하면 충분히 협박이 될 만한 내용들이, 현재 사법기관에서는 협박으로 평가되지 못하고 있다. 이는 강간죄나 강제추행죄 등 대면하여 일어나는 성범죄뿐 아니라 디지털 성범죄 등에서도 마찬가지다.

앞의 사례에서도 성인 가해자가 첫 번째 성폭력을 저지른 후 다시금 성관계를 요구하는 수단으로 피해자의 인적 사항을 알고 있음을 피력하였고, 또래 가해자 역시 피해자가 알려지길 원치 않는 지극히 사적인 비밀을 알고 있다는 이야기를 했다. 물론 이를 가지고 어떻게 하겠다고 구체적으로 이야기하지는 않았지만, 피해자에게는 이 말 자체가 엄청난 위협과 부담으로 작용했을 것이다.

　만약 이 사례의 피해자가 두 가해자를 고소하게 되면 '강간'임을 인정받을 수 있을까? 입증할 수 있는 내용이 앞에서와 같은 정도라면 현행법상으로는 기소와 처벌이 쉽지는 않아 보인다. 하지만 성인 가해자의 미성년자에 대한 성범죄란 점에서, 전체적인 대화의 맥락과 그 대화가 이루어진 상황 등을 좀 더 면밀하게 검토하면 판단을 달리할 수도 있다. 세부적인 대화의 내용에 따라서는 '미성년자에 대한 성매매'가 적용될 여지도 아예 없지는 않다. 다만 피해가 지속적으로 반복되다 보면 관계의 성격 자체가 왜곡되기 쉬우니, 피해가 이어지는 중에 하루라도 빨리 도움을 청하는 것이 피해자에게는 유리하다.

　피해자가 치부로 여길 만한 내용을 알고 있다고 피력하고 성관계를 하자고 한 또래 가해자의 경우도 처벌이 쉽지는 않아 보인다. 그러나 피해자와 가해자의 이전까지의 관계, 해당 대화가 이루어진 상황이나 여타 다른 대화들의 양상, SNS 외에 직접적인 대화로 오고 간 내용들이 무엇이었느냐에 따라 결과가 달라질 수 있다. 그러니 처벌이 안 될 것이라고 속단하기는 이르다.

　우리 사회가 피해자들에게 요구해 온 피해의 정도는

피해자의 기준이 아니라 철저히 제삼자의 기준이었다. 긴 시간 타인의 기준에서 판단하다 보니, 저항하지 못한 피해는 범죄 피해로 인정받지 못했고, 피해 사실이 알려진 피해자는 나약하고 문란한 사람으로 치부되기 일쑤였다.

피해자가 도움을 청하지 못했다고 해서, 과연 우리가 피해자의 선택이 잘못된 것이라고 말할 수 있을까? 법원만의 노력으로, 사법기관의 노력만으로 되는 일이 아니다. 사회가 함께, 범죄의 수단이 되는 폭력과 협박의 외연을 넓혀가는 노력을 해야 한다.

2장

누가 피해자이고 누가 가해자인가

지금 여기의 '피해'와
'가해'의 맥락

아닌 것은 아니라고
말해도 괜찮다

"저기… 상담을 하고 싶어요. 이게 법적으로 문제가
될 수 있을지는 모르겠는데… 억울해서…."

수화기 너머로 머뭇거림과 떨림을 담은 목소리가 들
려왔다. 법원에 소장을 내는 것도 아니고 수사기관에 고소
하는 것도 아닌데, 망설이고 긴장하는 게 느껴졌다. 그저
변호사에게 뭘 물어보겠다는 결심을 하는 것에도 용기가
필요했나 보다.

며칠 후, 단정한 얼굴을 한 30대 초반의 여성이 사무
실로 찾아왔다. 당시 상황을 잘 정리한 서면을 내밀었다.

사연인즉 이러했다. 그는 제법 탄탄한 중소기업 인
사팀에서 근무하고 있었다. 아무래도 하는 일의 성격상 회

사 대표로부터 직접 결재를 받거나 의논할 일들이 잦았다. 그런데 어느 날인가부터 대표의 말투나 의뢰인을 바라보는 시선이 지나치게 다정하게 느껴졌다. 그러다가 하루는 대표가 법인 카드를 내밀면서 일을 잘해서 주는 포상이라며 원피스를 사 입으라고 했단다. "다리가 예쁘니 치마를 입으면 좋겠다"라는 말도 덧붙였다.

처음엔 법인 카드를 준 이가 다른 사람도 아닌 회사 대표이고, 포상이라고 하니 별생각 없이 옷을 사 입었다. 그런데 그날 이후부터 회사 대표가 그의 머리를 만진다거나 손목을 잡아끄는 일이 벌어졌다. 그러다 급기야 사귀자는 이야기를 건넸다. 짐작하겠지만, 회사 대표는 50대 후반의 유부남이었다.

그는 당황스러웠다. 하지만 회사를 계속 다녀야 하는 처지라 정중하게 거절했다. 그러나 회사 대표의 구애는 계속됐다. 이건 아니다 싶어서 좀 더 단호하게 거절했는데, 아니나 다를까 인사 보복으로 돌아왔다. 기존에는 결정 권한을 주었던 일들에 대해서, 갑자기 정식으로 결재를 거치지 않았다며 문제 삼기 시작했다. 출근 시간 15분 전에 와 있지 않은 것도 지각인 양 시말서를 요구했다.

그제야 그는 일이 잘못 돌아가고 있음을 깨닫고 정식으로 회사에 직장 내 성희롱으로 이 문제를 고지했다.

그랬더니 이번엔 그의 주장이 사실이 아니라면서 법인 카드로 원피스를 샀던 것을 문제 삼았다. 기가 막혀 엘리베이터 앞에서 회사 대표를 기다려 이야기를 좀 하자고 했더니, 대표는 도망치듯 그를 뿌리쳤다. 대표를 따라가 이야기를 이어가자, 이번엔 회사 대표에 대한 명예훼손을 운운하는 회사의 공문이 날아들었다.

　　그가 내게 물어본 질문을 정리하면 이러하다. 첫째, 법인 카드로 자신이 원피스를 산 것이 횡령죄에 해당되는 것인가. 둘째, 자신이 당한 일이 직장 내 성희롱에 해당하는가. 셋째, 직장 내 성희롱에 해당된다면 취할 수 있는 법적 조치는 무엇인가. 이 질문에 대한 답은 이렇게 정리할 수 있다.

　　횡령죄는 보관자 지위에 있는 자가 불법 영득 의사를 갖고 행했을 경우에 성립된다.

　　우선 횡령죄가 성립하기 위해서는 고의가 요구된다. 법인 카드를 보관하는 지위에 있는 사람이 불법적으로 이익을 얻고자 했던 고의가 인정되어야 횡령죄가 성립한다는 이야기다. 따라서 횡령죄는 회사 대표의 지시에 따라 옷을 산 의뢰인이 아니라, 오히려 회사 대표 자신이 저지루 것이 된다. 회사에서 정한 절차에 반하여 포상한 것이라면 그 책임은 법인 카드를 사용할 권한을 갖고 소지하고 있던 회사 대표에게 있다.

당신이 당한 일은 직장 내 성폭력이 맞다.

꼭 몸을 만지거나 야한 농담을 하는 것만 직장 내 성희롱이 아니다. 회사 대표는 직장 내에서 계급적 우위에 있는 자다. 이러한 사람이 업무 시간에, 업무와 관련된 일을 하면서, 부하 사원에게 성적 수치심을 유발할 만한 행위를 하였다면 당연히 직장 내 성희롱에 해당된다. 가령 포상이나 특별수당으로 의복비를 지급하며 "옷을 사 입어라"라는 것과, 똑같이 의복비를 지급하더라도 "다리가 예쁘니 원피스를 사 입어라"라고 외모 품평을 하며 특정한 복장을 갖추라고 권유하는 것은 명백히 의도가 다르다.

우연히 머리카락에 붙은 껌을 떼어준다거나 손목에 손이 닿았다거나 하는 것 자체로 직장 내 성희롱에 해당되지는 않는다. 그러나 부하 직원에게 사귈 것을 종용하면서 그의 머리카락을 쓸어 올리고, 손목을 잡아끄는 행위는 행위자가 성적 만족을 추구하거나 피해자의 성적 수치심을 유발하고자 하는 '추행의 고의'가 인정된다.

당신은 직장 내 성희롱에 대해서 국가인권위원회나 노동부에 진정을 낼 수 있다.

이와 같이 직장 내 성희롱이 발생한 경우, 국가인권위원회나 노동부에 진정을 낼 수 있다. 다만 둘 중 하나를 선택해야 한다. 이 경우는 회사가 직장 내 성희롱을 고지받고도 피해자에게 불이익을 준 경우이므로, 노동부에 갈 것을 권유하였다. 다만 형사 고소는 권하지 않았다.

회사 대표가 피해자의 머리카락을 쓸어 올리고 손목을 잡아끈 행위는 형법상 강제추행죄에 해당하지만, 회사 대표가 완강하게 이를 부인하고 있고, 이에 대한 입증 자료가 부족한 상황이라 마음은 괘씸하지만 실무적으로 기소될 확률이 적다고 판단되었다. 그럼에도 불구하고 당사자가 원하면 고소를 하는 것이 맞겠지만, 의뢰인은 경제적으로나 심적으로나 부담이 적은 방법을 원했다. 당사자의 진술이 상당히 신빙성이 있다면 기소되는 경우도 전혀 없지는 않지만 그런 경우가 흔치 않아, 이러한 설명을 하고 스스로 결정하도록 권했다. 기타 민사 청구는 향후 진정 처리 결과와 회사의 태도를 지켜보면서 결정하도록 조언하였다.

직장을 다니는 피해자들은 이처럼 자신이 당한 일

이 성희롱인지 판단하기까지 망설일 수밖에 없고, 이를 법적으로 다툴 수 있을지도 갈등하게 된다. 이후에 회사가 피해자들이 직장에서 했던 사소한 행동들을 불순한 의도로 문제 삼으면 더 혼란스러운 상황에 처하게 된다.

이럴 때 가장 중요한 것은 최대한 빨리 전문가와 상의하는 것이다. 피해는 피해고, 잘못은 잘못이다. 나의 행동이 잘못이 될 수 있는지, 내가 한 잘못이 내가 당한 피해를 갈음할 만한 것인지, 또 내가 한 잘못이라 하더라도 이 시점에 문제 제기를 당하는 것이 적절한지를 객관적으로 계량해야 한다. 다른 잘못을 들이밀어 피해를 말하는 입을 막으려는 시도는, 그 자체로 불법행위다. 용기를 갖고 아닌 것은 아니라고 말해도 괜찮다.

'힘희롱'과
'성희롱'

사건들은 대부분 평범하게 시작된다. 어느 날 오전, 사무실 직원이 추행 정도가 심하지 않은 직장 내 성희롱 상담 문의가 와 일정을 잡았다고 말했다. 그날 오후, 단정한 차림의 젊은 여성이 찾아왔다. 말을 시작하기 전에 잠시 멈칫했다.

"사안이 심한 건 아니에요. 어쩌면 제가 예민한 건지도 모르겠어요. 증거가 없어서 안 믿으실 수도 있는데…."

의뢰인은 심상한 얼굴로 이야기를 꺼내놓기 시작했다. 그는 대기업 인사팀에서 근무하는 기혼 여성이었다. 지난 1년간 상사에게서 희롱을 당했다고 했다. 그의 상사는 버젓이 부여된 직급이 있음에도 불구하고 의뢰인을 '아줌마'라 칭했다. 자기 집무실에 불러서는 업무를 지시하면서 립스틱 색깔이 야하다든가, 주말 부부인 남편과 성관계는 잘 유지되는지 물었다. 회식 때는 화장실을 가겠다고 지나가면서 실수인 양 허벅지나 어깨를 잡기도 하고, 택시를 잡아준다며 부축을 빙자해 팔뚝 안쪽을 손가락으로 주무르기도 했다. 퇴근 후에는 업무 때문이라며 전화를 걸어와 뜬금없이 화장실에서 소변을 보는 중이라는 말을 하기도 했다.

"심하게 만지거나 수작을 부린 건 아니지만… 차라리 그러면 낫겠어요. 이건 문제가 안 되겠죠?"

그는 자기에게 일어난 일이 성희롱에 해당되는 건지 판단을 내리지 못하고 주저했다. 이러한 일들을 계속 당하면서 우울 장애 증상이 나타날 정도였지만, 발생 상황이나 가해행위의 패턴상 목격자나 증거를 확보하지 못해 좌절했다. 가해자가 직장 내 성희롱을 고지받고 처리하는 인사팀의 수장이다 보니, 신고를 지레 포기하게 되는 한편 억울함이 배가됐다.

회사에 노동조합이 있었지만 그의 신분상 노조의 보호를 청하기도 애매했다. 포기할까 여러 번 생각했지만 그러고 싶지 않았다. 용기를 내서 직속 상사에게 이 사실을 먼저 털어놓았다. 그랬더니 같은 회사 다른 사업장에 있는 그의 남편에게 전화를 걸어, 사내 커플인데 괜한 오해와 분란으로 두 명 모두에게 불이익이 생기면 어쩌느냐 하면서 불안감을 조성했다. 그간 인사팀장의 행위를 감수하는 것만으로도 가랑비에 옷 젖듯 정신적으로 병들어 왔던 의뢰인이 애써 용기를 내서 직장 상사에게 이야기를 털어놓았는데, 인사팀장에 대한 징계위원회를 논하기는커녕 남편에게 전화를 한 것이다. 막막하고 불쾌했다. 이야기가 끝날 무렵, 그는 심상했던 표정을 지운 채 가늘게 떨고 있었다.

"성희롱이라고 보긴 좀 그런 거죠? 그런데 저는 너무 힘들어요. 남편에게까지 그런 전화를 한다는 게 두려우면서도 화나고⋯."

나는 그가 당한 일을 개별적으로 나누어 보았을 때 일부 행위는 애매할 수 있지만, 다른 일부 행위는 명백하게 성희롱에 해당하며, 그 행위가 복합적으로 지속되었다는 점에서 직장 내 성희롱에 충분히 해당한다고 말해줬다. 애매한 지점 앞에서 객관을 유지하려는 예민함은 훌륭하다고 격려했다.

증거가 부족한 대신에 일자별로 구체적 일시, 장소, 행위를 정리하기로 하고 회사에 정식으로 문제를 제기하는 내용증명을 보내기로 했다. 인사팀 상위 간부가 이를 고지받고도 남편에게 전화한 것은 일종의 고지 후 불이익의 예비행위로 해석될 수 있음을 기재했다. 다행히 아내로부터 평소에 불편한 점을 들어온 남편은 문제의 전화를 녹취해 두었다고 했다.

그는 회사를 계속 다니고 싶어 했고, 더 이상의 피해를 받지 않기를 원했다. 나는 공정한 조사와 판단을 할 수 있는, 신뢰할 만한 제삼자 기관 모니터링을 회사에 요구해 문제를 해결했다.

애매하지만 불쾌하고, 권력 구조상 말하기 어렵고, 여러 번 참았는데도 계속 불쾌한 행동이 이어진다면, 그것은 '힘희롱'이다. 성희롱은 '힘희롱'의 한 갈래일 뿐이다. 그 행위가 성적 수치심을 유발한다면 성희롱이다. 행위가 애매해서 또는 경미해서 말을 못 하는 것인지, 힘의 불균형상 말하기 애매했던 것인지를 잘 들여다보고 자신의 의사를 당사자와 조직에 전달할 필요가 있다.

여성 정치인이 당한
추행

　　얼마 전 사무실에 정장을 입은 30대 여성이 찾아왔다. 얼굴이 잔뜩 굳어 있었고 인사를 건네는 목소리가 격양되어 있었다. 우르르 쏟아내는 감정을 잘 받아줘야겠다고 생각했는데, 내 예상과 달리 의뢰인은 감정을 자제하며 논리적으로 상황을 설명했다.

　　의뢰인은 지방의회의 한 여성 의원이었다. 그는 며칠 전 의회의 정식 회의 석상에서 50대 남성 의원으로부터 막말을 들었다고 했다. 그 지역 주민들이 성실하게 낸 세금의 예산을 의결하는 자리였다. 다른 이해관계와 생각을 가진 의원들 사이에서 당연히 견해가 충돌할 수밖에 없었다. 다소간의 언쟁이나 적당히 싫은 소리들이 오고 갔

다 하지만 저잣거리 시정잡배들이나 할 법한 험악한 말이
오갈 정도는 아니었다. 그러던 중에 회의 자리에서 50대
남성 의원이 의뢰인에게 "눈깔을 확 찢어버려"라고 말했
다. 의회 안에 있던 모든 사람이 들을 수 있을 정도로 큰
소리였다. 회의실에 참석한 의원들이 당황해서 멈칫했고,
의뢰인은 놀라서 어찌할 바를 몰랐다. 그 사건은 일단 유
야무야 지나갔다.

　　의뢰인과 가해자 의원 간에는 갈등의 골이 깊었다.
가해자 의원은 젊은 여성인 의뢰인을 동등한 동료로 대하
지 않았다. 2년 전, 그는 의뢰인과의 첫 대면 자리에서부
터 악수를 청하면서 자신의 가운뎃손가락을 의뢰인의 팔
목으로 뻗어 꾹 누르며 능글맞게 웃던 사람이었다. 그것은
시작에 불과했다. 가해자 의원은 의뢰인과 의견이 부딪힐
때마다 "네가 애인이 되어주면 찬성표를 주지" 같은 말을
수시로 뱉어냈다. 버젓이 배우자가 있으면서도 의원들이
함께 있는 자리에서 자신은 애인을 여럿 바꾸어 왔다며 자
랑처럼 이야기하기도 했다. 긴 시간 지역사회에서 아는 사
이로 지냈고 지난 몇 년간 함께 의회 활동을 해온 의원들
은, 그런 가해자 의원의 언행에 무감각했다.

　　가해자 의원이 때로는 공공연하게 지역축제 부흥을
위해 예쁜 여자들을 불러 란제리 쇼를 열자거나, 때로는

의뢰인을 향해 연애를 하자는 둥 무례한 언행을 반복하는 동안, 의뢰인은 주변 의원들에게 이 문제에 대해 자주 호소했다. 하지만 의뢰인에게 돌아온 것은 문제를 제기할 용기조차 꺾는 말뿐이었다. "네가 젊고 예쁜 여자라 그러는 거니 참아라", "마흔을 넘기면 그런 말을 들어도 괜찮아진다" 같은 이야기들이 오갔다. 청년인 것이, 또 여성인 것이 무례를 감수해야 하는 이유가 된다는 것이 당혹스러웠다. 그보다 끔찍한 것은 지역사회의 다양한 견해와 이해관계를 공정하게 토론하고 합의해야 하는 의회 안에 이런 의식이 자리하고 있다는 것이었다.

더 암담한 것은 지방의회 내부에 이러한 문제를 제기하고 해결할 창구나 방법이 마련되어 있지 않다는 것이었다. 성희롱으로 분류될 만한 사건이 직장이나 학교에서 발생했을 때 교육부나 노동부 또는 국가인권위원회에서라도 진정하여 다퉈볼 수 있겠지만, 의회는 대체 무엇으로 분류하면 좋을지 애매한 것이 현실이다. 형사법상 강제추행으로 분류될 만한 사안은 범죄 특성상 '입증'에서 난항을 겪기 마련인데, 피해자와 가해자 양측이 모두 지방자치단체의 의원이다 보니 피해자 측 의견에만 신빙성을 실어주기가 쉽지 않아 보였다.

다만 "눈깔을 확 찢어버려"라는 발언은 다분히 위협

적인 데다가 이를 목격한 의원들이 다수 있는 상황이었기 때문에, 협박이나 모욕으로 다퉈볼 여지가 있었다. 더구나 의뢰인의 주장대로 가해자가 악수를 하면서 가운뎃손가락으로 의뢰인의 팔목을 눌렀다면, 그것은 강제추행에 해당하는 범죄행위임이 틀림없다. 입증 문제는 추후 수사기관에서 수사를 하면서 풀어가야 할 문제지, 고소조차 포기할 일이 아니었다.

한편 지방의회와 같이 조직 체계와 재직 기간이 정해져 있고, 급여가 지급되지만 막상 노동 현장으로 보기 어려운 조직에서 발생한 성희롱 문제에 대해서는 국가인권위원회에 진정하여 판단을 요청할 여지가 있어 보였다. 애초에 국가인권위원회가 직장 내 성희롱 문제를 다루게 된 것은 직장 내 성희롱이 단순히 성性의 문제가 아니라 계급의 문제라는 측면을 인식했기 때문이었다. 그뿐만 아니라, 의회 내부에 이런 사건을 조사하고 시정 조치를 권고할 만한 시스템이 없다는 것은 청년, 여성, 장애인 등 상대적 약자에 해당하는 의원들에 대한 침해 행위를 제재할 내규가 없다는 것을 뜻했다. 즉, 일반적 비리 행위가 발생하는 경우 문제를 처리할 수 있는 절차와 비교해 볼 때 이 부분은 차별이라고 여길 만한 문제라고 생각했다.

"제가 당한 일의 정체가 뭘까요?"라고 묻는 의뢰인

에게 "당신에게 일어났던 일은 강제추행이고, 협박이나 또는 모욕에 해당할 수 있으며, 지속적인 성희롱이었다" 라고 말해주었다. 개인에게 일어난 일련의 사항들이 특수한 배경과 혼재되어 생긴 문제점들이라고도 상세히 설명했다. 그리고 의뢰인에게 형사 고소에 대한 선택권을 주었다. 의뢰인은 이 일을 겪으면서 개인적으로 느꼈던 성적 수치심을 비롯한 정신적 고통도 컸을 뿐 아니라, 현재 이러한 사안이 의뢰인이나 의뢰인이 속한 지자체만의 문제가 아니라고 생각했다. 그래서 의뢰인은 형사 고소를 진행하고 국가인권위원회에도 해당 사안을 진정하기로 했다.

한편 가해자 의원은 의뢰인이 화가 나게 해서 그러한 말을 한 것이라며, 오히려 의뢰인을 모욕죄와 무고죄로 역고소했다. 피해자는 가해자를 향해 모욕적인 발언을 하지도 않았고, 설령 그런 발언을 했다고 하더라도 이 사건의 경우 법리적으로 모욕죄에 해당하지 않을 것이 명징했으나 지역 경찰서에서 사뭇 진지하게 피해자에게 소명하라고 독려하는 촌극이 벌어졌다. 성폭력 사건에서는 이처럼 통상 피해자보다 경제적, 사회적으로 높은 위치에 있는 가해자가 피해자를 괴롭히는 차원에서 고소권을 남용하는 일이 잦다. 이 사건은 의뢰인이 소명하든 안 하든 법리적으로 범죄 구성이 될 만한 사안이 전혀 아니다. 하지만 수사기관이 본의 아니게 가해자를 조력하게 되는 상황을 견제하기 위해 유관 여성 단체들과 논의하여 해당 경찰서에 의견서를 제출하도록 했다.

　　이 사건의 시작은 어느 개인의 피해였고, 고소를 진행하는 과정에서 여느 피해자들과 마찬가지로 고단한 과정을 겪었다. 우리가 사회에서 누리는 작은 평등은 이처럼 아픔을 겪은 개인들의 고단함에서 비롯된다. 구성원들의 의식 변화나 제도 개선을 위해 그 고단함을 감수하는 피해자들이 있기에, 우리가 절감하고 갈구해 왔던 변화가 일어난 것이라 믿는다. 직장이나 학교가 아닌 곳에서 겪는 성희롱, 성차별 문제도 법 테두리 안에서 보호받을 수 있기를, 피해자와 함께 뛰며 응원한다.

동성 상사로부터의
성희롱

여성 의뢰인이 피의자 신분이었을 때, 나는 그와 처음 만났다. 전 직장 대표로부터 명예훼손으로 피소를 당했다면서 조심스럽게 이야기를 시작했다.

그의 전 직장 대표는 그에게 모욕에 해당하는 폭언을 상시로 퍼부었고, 습관처럼 서류를 던졌다. 급기야 대표는 회사 행사가 있던 어느 저녁, 사람이 많은 행사장 로비에서 그의 가슴 상단을 손가락으로 찔러댔다. 당황스럽기도 했거니와 꽤 강도가 세서, 그가 주춤거리며 뒤로 밀려날 지경이었다. 그 일로 그는 스스로를 다독이며 이어갔던 직장 생활에 종지부를 찍고, 결국 사직서를 냈다.

우여곡절 끝에 직장은 옮겼지만 마음에 입은 상처는

쉬이 아물지 않았다. 퇴근을 하고 어스름이 깔리는 시간이면 그날 있던 일을 필두로 힘들었던 일들이, 꾸역꾸역 눌러왔던 모욕감이 고개를 들었다. 그러던 어느 저녁, 여성들이 자주 찾는 한 고민 상담 사이트에 글을 올렸다. 그렇게 올린 글의 조회 수는 무척 높았다. 남들이 공감해 주니 치유받는 기분도 들었다.

그럴 때쯤 누군가 메신저로 말을 걸었다. 좀 더 자세한 이야기를 듣고 싶다며 이것저것 물었다. 공감받는 기분에 이야기가 길어졌다. 말을 걸어온 사람은 인터넷 매체의 기자라면서 보도를 해도 되겠느냐고 물었다. 그래도 되나 망설여졌다. 처음부터 전 직장 대표를 어떻게 해보려고 쓴 글도 아니었다. 하지만 비슷한 일로 고민하는 사람들에게 도움이 될 거란 말에 마음이 바뀌었다. 기사를 써도 좋다고 허락했다. 문제는 기사에 전 직장 실명이 그대로 보도되면서 가해자가 누구인지 알려졌다는 것이었다. 전 직장 대표는 노발대발했다. 변호사를 선임해서 그를 고소했다.

그가 당한 일은 모욕이나 강제추행에 해당하고, 일부 모욕적인 언사와 추행은 직장 내 성희롱에 해당하는 일이었다. 그는 피해자였지만, 이 일로 졸지에 명예훼손의 가해자가 되었다. 그렇게 가해자와 피해자의 신분이 순식간에 뒤집혔다. 그가 고소당한 죄명은「정보통신망 이용

촉진 및 정보보호 등에 관한 법률」제70조의 명예훼손이었다. 형법상의 명예훼손보다 그 책임을 무겁게 다루는 죄명이었고, 최근에는 정보 통신망상에서 명예훼손이 발생하는 경우 그 파급 효과가 크고 이에 따른 피해 정도가 커서 종종 실형이 선고되기도 한다. 이 사건은 검찰에 기소의견으로 송치되었고, 그는 검찰 조사를 받으며 형사재판 피고인이 될 위기에 처해 있었다. 과거의 상처가 아물기도 전에 가해자로부터 매를 맞는 형국이었다.

그는 몹시 두려워했고, 가해자에게서 벗어나지 못한 채 연달아 상처를 받아 심각하게 훼손된 상황이었다. 우선 그에게 그가 당한 일이 형법상 모욕과 '성폭력 범죄의 처벌 등에 관한 특례법'상의 업무상 위계에 의한 강제추행에 해당하는 일임을 알려주고, 고소하도록 조언했다.

의뢰인을 명예훼손죄로 고소한 이는 실은 성폭력 가해자였다. 따라서 설령 의뢰인의 행동이 현명하지 못했다 하더라도, 성폭력 피해자가 자신의 상처를 치유하고자 썼던 글임을 강조하고, 가해자가 특정되지 않았다는 점에 주목해야 한다고 말했다. 그러므로 비방의 의도가 없었고, 전 직장명이 게재되어 기사화되는 과정에는 그의 잘못이 없었음을 검찰에 어필해서 최대한 불기소처분을 끌어낼 수 있도록 노력해야 한다고 말해주었다.

문제를 타개할 방법이 있다고 말해주었는데도 그의 얼굴은 쉬이 밝아지지 않았다. 한참 입술을 달싹거리며 다음 말을 쉽게 잇지 못하던 그가 질문을 했다.

"전 직장 대표가 여자예요. 그래도 강제추행에 해당될 수 있나요?"

강제추행은 남성에 의하여 여성이 피해를 입는 성폭력 범죄가 아니다. 강제추행은 가해자가 자신의 성적 만족을 위해서 피해자의 성적 수치심을 일으킬 만한 행위를 하는 범죄를 일컫는다. 가해자가 남성이고 피해자가 여성인 경우가 많지만, 가해자와 피해자의 성별은 서로가 처한 입장이나 상황에 따라 얼마든지 바뀔 수 있고, 그것이 동성 간이라고 하여 적용되지 않을 하등의 이유가 없다. 이미 형사재판은 물론 불법행위에 따른 손해배상을 청구하는 민사재판의 여러 하급심에서도 이를 인정하는 추세다. 법을 통해 피해를 호소하고, 졸지에 가해자가 된 상황을 다시금 소명해 볼 수 있는 발판이 마련된 것 같아 다행이었다.

그 후 우리는 서둘러 고소를 진행했다. 그러고는 명예훼손죄의 피의자로 의뢰인을 조사하고 있는 검찰에게 잠시 기소 여부에 대한 판단을 유예해 달라고 요청했다. 결국 사건은 피해자에 대한 강제추행죄가 아니라 단순 폭행죄로 기소되었지만, 피해자가 실제 사실에 근거하여 이를 토로한 것이니 명예훼손 혐의는 벗을 수 있었다.

우리는 종종 성범죄의 가해자와 피해자를 성별로 구분 짓는다. 그러나 성범죄, 특히 직장 내 성희롱의 범주에 해당할 수 있는 성범죄는 성적 문제라기보다 계급 문제인 경우가 많다. 즉, 여전히 남성이 가해자인 경우가 압도적으로 많은 것이 현실이지만, 여성이 가해자인 경우도 분명 있다.

이렇게 계급적 열세에 처한 피해자들의 입을 막기 위하여 가해자의 역습이 심심찮게 일어나는 것이 현실이다. 약자의 현실에 둔감해 생기는 피해다. 따라서 그 현실을 외면하기보다는 예민한 시각으로 본질을 들여다보는 일이 선행되어야 할 것이다. 적극적으로 해결을 도모하는 것이 이전의 피해를 단절하는 일이자 더 큰 피해를 막는 예방의 단초라는 것을 기억해야 한다.

위력은
합의가 아니다

전 국가 대표였던 운동선수 S는 2018년 자신의 SNS
에 2011년 여름부터 코치에게 상습적인 성폭행을 당했다
고 폭로했다. 2011년에 S는 고등학교 1학년이었다. 이 사
건은 2019년 1월 유명 쇼트트랙 선수가 코치로부터 성폭
행을 당했다는 사실을 폭로하면서, 그해 체육계 성폭력 사
례로 함께 주목받았다. 대중은 이들의 폭로를 접하며 경악
했지만, 올림픽 금메달리스트나 국가 대표였던 이력을 제
외하고 보면 정작 이들의 피해 사실이나 피해 발생 경위는
체육계에서 만연한 일이라 그다지 놀랄 만한 사건이 아니
었다. 이후에도 크고 작은 체육계 성폭행 사건들의 폭로가
이어졌다. 그리고 대부분의 가해자들은 피해자와 연인 또

는 연인 같은 관계였음을 주장하며 억울함을 호소했다.

　　변호를 맡았던 체육계 성폭력 사건에서, 가해자는 피해자가 당시 적극적인 저항이나 거부 의사를 표현하지 않았다며, 장기간 여러 차례 성폭행이 이어진 점을 들어 연인 관계였다고 주장했다. 코치의 이런 주장은 법원에서까지도 이어졌다. 가해자는 피해자와 연인이었기에 특별한 저항 없이 성관계를 했고 성관계가 있는 날엔 레스토랑에서 외식을 하기도 했다고 주장했다. 그렇다면 피해자의 입장은 어땠을까?

　　가해자는 피해자가 중학생 때 코치로 부임했다. 가해자는 피해자를 비롯한 운동부원들을 지도했고, 일반 교실에서는 상상도 할 수 없는 수준의 체벌을 가했다. 피해자는 체중 관리를 못 한다는 이유로 동료들이 지켜보는 앞에서 기절할 때까지 목이 졸리기도 했고, '단무지'라고 불리는 노란색 고무호스로 심하게 맞기도 했다. 체벌이 심한 날에는 흉악범이 침입해 자기 배를 칼로 찌르면 좋겠다고 생각할 정도였다고 한다. 피해자는 자식 뒷바라지하며 고생하는 엄마에게 학교에서 입은 물리적인 폭력은 물론, 성폭행 피해 사실도 말할 수 없었다. 더구나 가해자는 피해자에게 성폭행 사실이 알려지면 가해자도 피해자도 체육계를 떠나야 한다고 말했다. 만 열여섯 살이었던 피해자에게 이 말은 어떻게 들렸을까? 피해자는 자신을 공공연하게 폭행해도 하등 문제가 되지 않았던 가해자에게 저항하지 못할 정도로, 정신적으로 예속된 관계에 있었다. 어린 나이에 성폭행까지 당했으니 그 충격이 어땠을지는 상상하기도 어렵다. 그런데 이제 피해 사실이 알려지면 자신도 함께 끝장이라는 절망까지 얹어진 것이다. 고작 열여섯 살이었던 피해자가 그때 뭘 할 수 있었을까?

일상에서 빈번히 일어나는 일이라고 해서 그 일이 합당한 것은 아니다. 일례로 내가 학교를 다니던 시절만 해도 '사랑의 매'라는 말로 포장된 교사의 폭력이 난무했다. 그 시절 모든 선생님이 폭력적인 것은 아니었지만, 어느 학교에나 불합리한 폭력을 휘두르는 교사는 존재했다. 체벌은 한없이 공포스러운 일이었지만, 그 시절에는 그 폭력을 범죄라고 생각하기 쉽지 않았다. 일상 속에서 잘못된 행동이 자연스레 허용되다 보면, 당사자들이나 목격자 모두 이것이 나빠 보이긴 해도 마치 수용 가능한 일인 양 왜곡된 인식을 갖게 된다. 피해자는 구제되리라는 희망을 지레 포기하게 되고, 피해에 노출된 동안에는 자신이 끔찍한 피해에 내몰린 것은 아닐 거라고 생각을 바꾸며 그 시간을 버티게 된다. 한편 가해의 시간이 길어질수록 가해자는 피해자와 합의된 관계라고 생각하며 일말의 죄책감마저 희석시키고 자신의 폭력을 정당화한다. 그러면서 자신이 끔찍한 폭력을 휘두르는 괴물이란 사실을 외면하고 '그 아이도 좋아해서 같이 한 일'이라고 기억을 왜곡한다.

　　미성년자를 대상으로 하는 지도자들의 체육계 성폭력 사건 대부분은 이러한 현상을 보인다. 엘리트 육성에 치우친 한국의 체육계는 운동을 선택한 아이들을 온종일 훈련시켜 학교 위상을 드높이도록 할 뿐, 교육이라는 학교의 본질을 망각했다. 엘리트 체육계에 편입된 아이들에게는 학년과 반도 표면적으로만 존재할 뿐, 실제 일상의 모든 관리 감독은 운동을 지도하는 사람에 의해 이루어진다. 좋은 성과를 내기 위함이라는 명목 아래 체벌이 수시로 일어난다. 이러한 체벌은 심각한 폭력을 수반하는 경우가 태반이다.

　　미성년자 학생인 운동선수 입장에서 보면 지도자는 대회 출전 자격 등 자신의 미래를 결정하는 권력자다. 일반적인 사제지간보다 훨씬 더 예속된 관계다 보니, 성폭력이 벌어지는 상황에서도 별도의 물리적 제압이 필요하지 않다. 쉽게 말해 피해자의 옷을 애써 벗기는 실랑이 대신, 피해자를 향해 옷을 벗으라는 명령만으로 충분한 것이다.

　　피해자들은 어린 나이부터 자연스레 훈련이란 미명 하에 폭력이 합리화되고 지도자에 대한 복종은 당연시되는 시공간에 장기간 노출된다. 훈련 일과 속에서 당한 성폭행이 한 번으로 끝나는 일은 거의 없다. 코치로부터 성폭행 피해를 입는 미성년자 피해자들 중 꽤 많은 경우 충격과 수치심, 불안을 '이 일은 그냥 밥 먹고 화장실 가는 일과 같은 거야'라거나 '나를 좋아해서 일어난 일일 거야'라고 애써 생각해 버린다. 이들이 정말 이렇게 느끼거나 생각하기 때문이 아니다. 가해에서 벗어날 방법을 찾지 못한 피해자들이 출구 없는 미로나 동굴을 탈출할 때까지 버티기 위해 선택한 일종의 생존 본능 같은 것이다.

　　이렇듯 피해자에게 성폭력은 거부하기 어려운 위력이지만, 가해자는 거부하지 않았으니 합의된 상황이었다며 제멋대로 자신의 행동을 정당화한다. 그래서 가해자들은 문제가 불거지면 합의된 관계라는 둥 연인 관계였다는 둥 변명을 하는데, 실제로 이렇게 믿고 있는 경우도 적지 않다. 이들이 아둔해서 이렇게 믿는 것이 아니다. 자신이 가진 지위와 권한에 기대어 못된 행동을 하면서도 일말의 죄책감마저 느끼지 않아도 되었던, 그 시간이 남긴 흔적이다.

　　가해자가 바뀌길 기대하는 것은 무리다. 죄책감마저 소거하며 범죄를 저지르는 이들이 스스로 자성하길 바라는 것은 어불성설이다. 가장 강력한 예방이자 교육은, 어떤 행위를 하면 언젠가 그에 합당한 벌을 받게 됨을 인식시키는 것이다. 가장 근본적인 해결책은 체육계가 성과 중심의 관행을 타파해 가는 것이겠지만, 그와 함께 이런 사건을 대하는 사법기관 역시 가치관과 기준을 변화시켜야 한다. 체육계의 지도자와 미성년 선수 사이에 형성될 수밖에 없는 위력을 적극 고려해야 하고, 연인 관계라느니 합의에 따른 언동이었느니 하는 주장에 대해서는 가해자가 입증하도록 해야 한다.

이 사건은 묻힐 뻔했으나 사회가 주목하면서 수사도 다시 탄력을 받아 진행됐고, 결국 가해자에게 유죄가 선고됐다. 하지만 비슷한 사건들이 여전히 많다. 부끄럽고 속상한 일이지만, 사회의 이면이 드러나고, 대중들이 함께 공분할 때, 사건은 좋은 방향으로 해결될 수 있다. 불편하더라도 우리는 반복되는 사건을 마주할 때 느끼는 분노를 인지하고 이를 막지 못했다는 부끄러움이 어떤 문제에서 기인한 것인지 꼼꼼히 들여다보아야 한다. 그럴 때, 참담한 사건들 앞에서 속상할지언정 덜 부끄러울 수 있고, 좀 더 안전한 사회로 함께 나아갈 수 있다.

세상에
'강간할 권리'는 없다

지난 연말, 한 인권 단체 관계자가 의뢰인과 함께 사무실을 찾아왔다. 한눈에 보기에도 스무 살을 갓 넘겨 보이는 앳된 여성이었다. 화장기 하나 없는 얼굴이 창백했다.

그는 흔히 '텐카페', '룸주점'이라고 불리는 유흥업소에서 일하는 이였다. 이런 업소에 나가게 된 지는 두 달쯤 되었다고 했다. 그는 지방에서 올라와 대학을 다니던 중이었는데, 아버지의 사업이 어려워져서 휴학을 한 상태였다. 집에 내려가 있기도, 그렇다고 집에 생활비를 보내달라고 하기도 여의치가 않았다. 어느 날 인터넷 구직 광고에서 '기본 월 300만 원 보장'이라는 업소 광고를 보았다. 전화를 하고 면접을 보러 갔다. 어렴풋이 예상은 했지만, 가보니 진짜 유흥업소였다. 광고에는 서빙이라고 쓰여 있었지만, 실제 일은 술 시중이었다. 썩 내키지는 않았지만 일하는 시간 대비 급여가 좋다 보니 마음이 흔들렸다. 소위 '2차'를 나가기도 하는 업체인 줄은 알았지만, 그건 선택하기 나름이니 괜찮을 것 같았다. 그렇게 유흥업소 접대부 일을 시작했다.

하지만 일을 시작해 보니 생각했던 것과는 달랐다. 출근한 지 일주일 정도가 지날 때까지는 그런대로 할만했다. 평소 주량보다 많은 술을 마셔야 하고, 재미없는 이야기에 귀를 기울여 줘야 하고, 몸을 더듬는 것을 감내해야 했다. 그래도 받는 돈을 생각하면 이 정도는 괜찮다고 생각했다. 다행히 그때까지 만난 손님들 중에는 거칠게 구는 사람이 없었다.

그런데 일주일쯤 지나자 한 손님이 2차를 요구했다. 의뢰인은 마담에게 2차는 싫다고 말했다. 그러자 마담은 2차를 안 나가면 손님 기분이 상할 것이고, 그래서 술값을 안 내겠다고 하면 70만 원에 달하는 술값을 의뢰인이 물어야 한다고 말했다. 그러면서 2차를 나가면 화대도 따로 받을 수 있을 거라고 했다. 물어야 한다는 술값은 막막했고, 2차를 나가면 받게 된다는 화대도 아쉬웠다. 술을 많이 마신 상태라 판단력도 흐렸다. 눈 딱 감고 한 번만 나가자 싶었다. 그렇게 처음으로 성매매를 하게 되었다.

  그렇게 딱 한 번 성매매에 응했을 뿐, 이후 보름이 지나도록 접대 일은 해도 2차를 나가지는 않았다. 성관계가 처음도 아니었고, 첫 성매매의 매수자였던 남성이 여성을 거칠게 다룬 것도 아니었다. 하지만 처음 만난 남자와, 그것도 호감도 없는 남자와 돈을 받고 성관계를 했다는 사실에 자괴감이 컸다. 인생이 나락으로 떨어진 것만 같았다.

  그렇게 보름이 지났을 무렵, 30대 초반의 남성 두 명이 손님으로 왔다. 대기업에 다닌다는 남성들은 외모도 멀끔했고 제법 위트도 있었다. 오랜만에 친구처럼 주거니 받거니 하면서 양주를 마시다 보니, 많이 취했다. 그때 다시 2차 권유가 시작됐다. 룸 안에서 여러 차례 거절하자 마담이 밖으로 불러냈다. 그러고는 보름 전과 같이 술값을 물을 건지, 2차를 따라가서 따로 화대도 챙길 것인지 선택하라고 했다. 그러면서 손님이 착해 보이기도 하고 이미 많이 취해서 바로 잠들 것 같으니 같이 나가라고 종용했다. 정말이지 내키지 않았지만 딱 한 번만 더 나가기로 했다. 월말에 밀린 급여를 받으면 이 일을 그만두어야겠다고 생각했다.

  그는 그렇게 손님과 업소 인근의 모텔에 들어가게 되었다. 그런데 그 안에서 생각하지 못한 일들이 일어났다.

방에 들어서자마자 그 남자가 의뢰인의 따귀를 때렸다. 따귀 세례는 십여 차례나 이어졌다. 처음엔 외마디 비명이나마 질렀는데 조용히 하라며 소리가 커질수록 더 세게 때렸다. 무서워서 소리조차 지를 수 없었다. 그러고는 강간을 당했다. 의뢰인은 맞으면서, 강간을 당하면서, 보내달라고 애원했다. 돈을 받지도 않았고 돈을 받을 생각도 없으니 때리지 말라고, 강간하지 말라고 간청했지만 남자는 멈추지 않았다. 남자는 한 번의 사정이 끝난 후 용변을 보러 화장실에 갔다. 화장실은 출입문 앞에 있었고 남성은 화장실 문을 닫지 않았다. 술을 마신 상태에서 갑자기 얻어맞고 강간을 당하여 충격이 심한 상태라 도망갈 엄두도 나지 않았다. 정신을 가다듬고 테이블 위에 놓아둔 휴대폰의 녹음 버튼을 간신히 눌렀다. 용변을 보고 돌아온 남성은 다시 여성을 때리고 강간했다. 의뢰인은 울면서 계속 보내달라고 애원했지만 소용이 없었다.

폭행과 강간이 끝나고 남자는 의뢰인을 향해 "창녀 주제에…"라는 말을 남기고 먼저 모텔을 나섰다. 의뢰인은 모텔을 나와 바로 신고를 했다.

이야기를 들어보니 사실관계는 강간이 틀림없었고, 녹취 파일도 있었다. 남자가 업소에서 술값을 카드로 계산해서 신원도 확실한 상황이었다. 사건 직후 피해자가 신고도 했는데 뭐가 문제라서 인권 단체와 상담을 하고, 함께 변호사를 찾아왔는지 이해가 되지 않았다.

사정인즉슨 피해자가 성매매 여성이어서 수사기관에서 편견을 갖고 있는 것 같다고 했다. 녹취 파일은 있는데 녹취록을 어떻게 만드는 것인지 몰라 제출하지 못한 상황이기도 했다. 상대방은 화대를 주고 성매매를 한 것인데 업소 여성이 무고를 한 것이라며 즉시 맞고소로 응했다. 피해자는 신고한 것이 후회가 된다며 눈물을 떨궜다.

녹취 파일을 듣는 일은 지난했다. 누군가 처참하게 맞으며 강간당하는 순간을 음성으로 듣는 일은 고통스러웠다. 여성의 애원 사이로 들려오는 남성의 욕설을 듣는 것도 힘겨웠다. 사건을 맡기로 하고, 1차 대질조사부터 입회했다.

1차 대질조사가 있던 날, 피해자와 가해자, 가해자의 변호인, 그리고 담당 수사관과 5시간 동안 대면했다. 대질신문이 시작된 지 1시간이 채 지나지 않아 의뢰인이 왜 '수사관이 자신에 대한 편견이 있는 것 같다'라고 걱정했는지, 수사관이 왜 자꾸 의뢰인이 불편해할 질문을 한다고 했는지 모두 이해할 수 있었다. 수사관은 의뢰인에게 유흥업소 종사자가 손님과 모텔을 가는 것은 소위 '2차'라고 불리는 것이고, 그것은 합의된 성관계를 전제로 하는 것 아니냐, 처음부터 강간을 당했다면 도망가면 될 것을 굳이 녹음한 이유가 뭐냐고 집중적으로 물어봤다. 그간 '2차'를 몇 번이나 나갔는지도 물어봤다. 가해자에게는 혹시 성적 취향이 사디즘 같은 것인지, 그런 이유로 성매매를 하는 것인지 등을 물어보기도 했다. 의뢰인 입장에서 봤을 때, 수사관은 이미 자신이 당한 일을 강간이 아니라 성매매로 판단하고 있거나 판단하려는 것처럼 느껴졌을 것이다. 동시에 가해자가 성을 매수했다면 의뢰인의 동의 여부와 상관없이 가학적이고 변태적인 성적 취향을 풀어도 문제가 되지 않는다고 여기는 것처럼 보였을 것이다.

의뢰인이 우려하는 것도 무리가 아니었다. 성매매 종사자들을 향한 편견과 낙인이 강하다 보니, 당사자들은 그렇지 않아도 자신을 향해 편견을 갖지는 않을지 걱정이 깊다. 따라서 수사관들의 질문이나 표현 하나하나에 민감해지기 마련이다. 반면에 수사관들은 당사자들의 업무 환경과 특수성을 이해해야 도움을 줄 수 있기 때문에, 불편하지만 반드시 물어야 하는 것들이 있다. 이 사이에서 생기는 소통의 간극은 수사관에게는 답답함을, 당사자에게는 상처와 걱정을 남긴다.

수사관의 역할은 가해 남성이 실제로 피해 여성을 강간했는지 진위를 확인한 뒤, 범죄 성립 여부를 판단하는 것이다. 가해 남성이 범죄 성립을 부인하기 위하여 변명하거나 거짓말한 핵심 사안에 대하여 대응하는 한편, 검사나 향후 판사가 고민할 부분에 대해 확인하지 않을 수 없는 노릇이다. 하지만 이 사건의 피해 여성은 위축되어 있다 보니 수사관의 질문에 반감을 갖게 되었고, 피해 사실을 증명할 수 없겠다는 생각에 거의 반 정도 포기한 상태였다. 수사관은 수사관대로 필요한 대답이 나오질 않으니 답답해하고 있었다.

나는 수사관과 의뢰인이 모두 있는 자리에서 의뢰인이 불편해하는 질문이 나올 때마다 수사관의 의도가 무엇인지를 설명해 주고, 구체적이고 분명하게 대답하는 편이 낫다고 조언했다. 의뢰인은 조금씩 질문의 의도를 이해하기 시작하며, 또 옆에 변호사가 있어 안도하는 마음으로 제대로 대답하려 했다. 수사관도 성의 있는 의뢰인의 대답을 듣고 마음을 놓는 한편, 어떤 면에서 의뢰인이 자신의 말을 오해하고 있었는지를 이해할 수 있었다. 분위기가 누그러지는 듯해서, 수사관에게 녹취록을 통해 분명하게 확인되는 사안은 피해자에게 중복해서 질문하지 말고 가해자에게 물어봐 달라고 부탁했다.

대질신문이 끝나고 녹취록이 존재한다는 것을 알게 된 가해자가 의뢰인에게 사과하고 싶다고 말했다. 가해자는 "기억은 잘 나지 않지만 미안하다"라고 말했다. 의뢰인은 두 번에 걸친 피해자 조사를 받고 대질신문까지 하게 된 상황인 데다가, 그날의 후유증으로 가해자와 한자리에 있는 것만으로도 힘들어했다. 나는 의뢰인을 대신해 가해자에게 말했다.

"강제로 한 것도 아니었고, 기억도 안 난다면서 뭘 사과하신다는 거죠? 강간한 것을 사과하시거나, 강간한 게 아니라면 화를 내셔야죠."

그리고 이렇게 사과 아닌 사과를 계속한다면 향후 어떤 합의 조건을 내세워도 절대 합의할 생각이 없으니 차라리 범죄를 계속 부인하라는 의사도 덧붙였다.

한편 의뢰인에게 2차를 강요했던 업소의 마담은 이 사건의 참고인으로 수사를 받았다. 그는 의뢰인에게 2차를 강요한 적이 없고, 오히려 의뢰인이 적극적으로 2차를 나간 것이라고 진술했다. 마담은 대질신문 자리에서도 같은 주장을 했다. 의뢰인이 마담을 고소하자 고소를 취하하라고 문자메시지 수십 통을 보내왔었다. 의뢰인은 서슬 퍼렇게 언성을 높이는 마담의 행동에 기막히면서도, 한편으로는 두려움으로 인해 제대로 대꾸조차 하지 못하고 있었다. 수사관에게 그간 마담이 의뢰인에게 보낸 문자 내역을 제출하면서 양해를 구하고 발언을 청한 뒤, 향후 의뢰인에게 일체의 문자나 연락을 취하지 말 것을 요구했다. 이를 어기면 불안감 조성 등의 혐의로 고소를 당하게 될 것이라고 덧붙였다. 마담이 사실대로 진술하지 않는다고 해도 기소될 사건은 기소될 것이니, 마담이 의뢰인에 대해 거짓말을 한다면 향후 수사기관이 성매매 알선이나 강요로 수사할 때, 우리 역시 적극적으로 협조할 것이라고도 이야기했다.

대질신문을 끝으로 가해자가 자백하고 반성의 뜻을 전했고, 사건이 마무리되어 의뢰인은 더 이상 대질신문 자리나 법정 증인석에 가지 않아도 되었다. 처음에 의뢰인은 합의하지 않으려 했으나, 가해자가 꾸준하게 진지한 반성문을 보내오고 합의안을 제시한 끝에 처벌을 원하지 않는다는 합의서에 도장을 찍어주었다. 합의서에 도장을 찍는 날, 가해자를 앉혀놓고 피해자와 함께 작성한 편지를 대신 읽어줬다. 편지에는 "수사기관이나 법정에 나가 더 이상의 고통을 느끼고 싶지 않기 때문에 합의를 결심했다. 당신의 죄는 내가 용서할 수 있는 것이 아니니 긴 시간 속죄하고 반듯하게 살면서 신에게 용서받기 바란다"라고 쓰여 있었다.

사실 의뢰인은 가해자와의 합의에 적극적이지 않았다. 그는 내게 의견을 구했고, 나는 합의를 권했다. 합의금이 대단한 거액이어서도 아니었고, 처벌받을 남성의 처지가 딱해서도 아니었다. 호의는 적고, 호기심만 많은 수사 기관이나 법정에 피해 여성이 또다시 나가서 긴 싸움을 해야 한다고 생각하니 안쓰러웠다. 가해자의 행위가 범죄로 인정되고 처벌을 받는 것과, 그 과정에서 피해자를 존중하고 배려할 수 있는 문화가 법조계 안에 제대로 안착해 있는지는 별개의 문제기 때문이다.

성매매는 불법이고, 바람직하지 않다. 하지만 그것이 성매매 종사자의 인권을 존중하지 않아도 된다는 말은 아니다. 성매매를 하는 것이 곧 성적 자기결정권의 포기를 의미하는 것도 아니다. 그런데도 성매매 여성들을 향한 비뚤어진 편견은 쉽게 성범죄로 이어지고, 이들은 훨씬 더 많은 성범죄에 노출된다. 그리고 이렇듯 범죄 사실을 입증하는 자리에서도 성범죄였음을 소명하는 데 더 많은 어려움을 겪는 것이 엄연한 현실이다. 그 누구에게도 성매매 여성을 때리거나 강간할 권리는 없다. 폭행이나 강간은 대상이 누구든 명백한 범죄다. 약자나 소수자에게 피해에 대한 책임을 전가할 것이 아니라, 범죄에 대한 주의 의무는 언제나 가해자에게 있음을 기억해야 한다.

다르게 바라보면
다른 것이 된다

유흥업소 종업원이 연예계 스타로부터 성폭행을 당했다며 고소했던 것이, 도리어 무고로 기소된 사건 관련 국민참여재판이 진행되었다. 원하지 않는 성관계를 하고 성폭행으로 고소를 한 피해자가 허위 사실로 무고를 했다고 기소된 형사재판이었다.

피해자는 순식간에 피고인이 됐고, 가해자는 피해자가 됐다. 배심원들이 평결을 내리기 위해 2시간쯤 기다린 시간을 제외하면 14시간 동안 법정 공방이 이어졌다. 피해자에게 그 시간의 절반은 '가해자와 원해서 성관계를 해놓고는 앙심을 품고 고소를 했다'라는 그럴듯한 이야기를 듣는 과정이었고, 동시에 자신을 성폭행한 가해자가 피해자로 불리는 시간이었다.

　　그 길고 지난한 시간, 피해자는 처음 성폭행을 당했을 때나 무고로 몰려 수사를 받고 구속영장이 청구됐을 때처럼 울지 않았다. 그렇지만 억울하고 불안해서 속이 타들어 가고 있었을 것이다. 피고인 곁에서 덩달아 열이 났다. 괜찮다, 무죄가 날 거다, 배심원들과 판사님들을 믿어보자…. 입으로는 이런저런 위로를 건네는데, 정작 변호사인 내 마음 한편에서도 불안감은 커져만 갔다.

　　피해자가 학비와 생활비를 벌기 위해 한 달에 한두 번쯤 업소를 나간 지 4개월쯤 되었던 때였다. 대학 입학금을 모으려고 일주일에 4일씩 근무하기로 하고 새 업소로 옮긴 지 며칠 만에 이런 일이 생겼다. 망설이다가 애써 용기를 내 고소를 했다. 망설였던 이유는 아무도 본 사람이 없는데 믿어줄까 하는 의심과 절망감 때문이었다. 변호사 입장에서는 충분히 수사를 요청하고 다퉈볼 만한 사건이었다. 하지만 피해자 주변에는 그런 조언을 해줄 사람이 없었다. 피해자는 사건 직후 경찰에 신고했다가 결국 당일에 신고를 철회했다. 얼마 후 용기를 내서 고소를 진행했는데, 이 역시 믿어주지 않았다. 그렇게 피해자에서 졸지에 '무고녀'가 됐다.

　　우리가 국민참여재판을 신청한 이유는 국민 보편의

시각에서 볼 때, 이 사건이 무고죄로 평가받을 사건인지를 묻기 위해서였다. 피해자가 업소 종사자가 아니었다면, 이 사건이 법적으로 강간죄로 평가받진 못하더라도, 과연 무고죄에 해당한다고 볼 수 있을까? 다행히 국민참여재판의 배심원들은 이 사건을 성폭력 피해자가 유흥업소 종업원이라는 편견을 배제한 채 '다르게' 바라본다면, 또 고소인이 동일한 사건이라고 하더라도 증거에 따라 '다르게' 바라본다면 무고가 아니라는 판단을 해주었다. 만장일치로 무죄가 결정됐고, 재판부도 동의한다는 주문이 낭독되던 순간이 되어서야 피해자가 비로소 울음을 터뜨렸다.

똑같은 사안도 다르게 바라보면 다른 것이 된다. 비싼 술값에는, 술을 따르고 기분을 맞춰주는 종업원의 인격값이 포함되어 있지 않다. 유흥업소 종사자라고 해서 밀폐된 공간에 가해자를 따라 들어갔거나, 순간적으로 완벽하게 거절하지 못했다고 해서 성폭행이 성립되지 않는 것은 아니다.

평등하고 공정한 사회는 편견 없는 시선에서 시작된다. 그런 면에서 우리 국민의 정서는 법조계보다 건강했다. 느리더라도 천천히 법조계가 국민의 곁으로 또 한 발 내딛기를 바란다.

누가 피해자를
꽃뱀으로 내모는가

성폭력 사건은 언론이 좋아하는 기삿거리다. 사건 성격상 대중의 즉각적인 공분을 불러일으키기 때문이다. 특히나 범죄 내용이 엽기적이거나 가해자와 피해자 중 유명한 사람이 있다면 더욱 그러하다.

지난 몇 년간 여성계를 달군 화두 중 하나는 '해시태그 운동'이었다. 문화예술계를 필두로 피해자들이 자신이 당한 성폭력에 대해 말하기 시작했다. 그것이 법적으로 문제가 있는 것인지, 부작용은 없는지와 같은 문제는 논외로 하더라도, 몇 가지 사실은 분명하게 확인할 수 있었다. 이해관계가 얽힌 사이에 발생하는 많은 성폭력이 권력의 소산이라는 것을, 얼마나 많은 피해자가 피해 사실은 입 밖으로 꺼내지 못하고 있었는지를, 피해 사실을 말하는 것이 어떻게 범죄가 되어가는지 말이다.

피해자는 성폭력이 일어나는 순간에도 적극적으로 대응하지 못하는 경우가 많고, 사건 이후에도 문제를 제기하기까지 망설일 수밖에 있다. 가해자와의 관계에서 약자인 경우가 많기 때문이다. 그래서 결국 피해자는 직장이나 학교, 업계 등 가해자와의 이해관계가 얽힌 곳을 떠나게 된다. 주변인들이 피해자 입장에서 증언하기를 꺼리는 이유도 비슷하다. 주변인들 모두 가해자보다 약자는 아닐지라도 그 관계를 지속해야 하는 이해관계가 얽혀 있을 경우, 주변인들이 가해자에게 불이익을 가져다 줄 진술을 하기는 어려운 경우가 많다. 그래서 많은 주변인이 침묵하거나, '중립'이라는 말을 내세워 모호한 증언을 한다. 아이러니하게도 가해자의 잘못이 밝혀지는 데 굳이 기여하고 싶지 않은 마음이 피해자의 억울함을 은폐하는 데 기여하고 마는 것이다. 침묵하거나 외면하는 주변인들이 본디 나쁜 사람이 아니라고 해도, 실은 이것은 아주 나쁜 일이다.

주변인들의 범주에는 사건을 보도한 언론도 포함된다. 사회적 지위가 높은 가해자일수록 주변에 사건이 알려지는 것을 극도로 꺼리는데, 주로 이런 가해자들은 피해자를 향해 공격적으로 대응한다. 피해자를 '꽃뱀'으로 몰고 무고죄와 명예훼손죄로 맞고소를 하는 일은 최근 들어서는 마치 공식처럼 돼버렸다. 언론 입장에서는 회를 거듭해서 방송할 수 있는 흥미진진한 미니시리즈가 된다. 따라서 자극적인 성폭력 사건일수록 앞다투어 단독 보도를 하거나 다른 매체에서는 다루지 않은 내용으로 차별화하려고 한다. 좀 더 빨리, 좀 더 많이 읽히는 기사를 쓰고 싶은 욕망 때문이다. 그러다 보면 확인해야 할 사항을 확인하지 않거나, 사건이나 사람을 지나치게 선정적으로 다루는 경우가 생긴다. 언론 입장에서는 작은 실수로 여길지 모르지만, 당사자에게는 회복하기 어려운 피해와 상처를 남긴다.

　　최근에는 성폭력 사건의 가해자가 피해자를 향해 언론 보도에 대해 문제 삼는 일도 비일비재하다. 이러한 상황에서 언론이 피해자를 지켜줄 수 있는 방패는 해당 보도가 사실에 근거하고 있음을, 그 보도를 한 취지가 공익을 위한 것이었음을 밝히는 것뿐이다. 정보를 제공한 취재원 역시, 언론이 올바르게 보도를 할 때에만 보호받을 수 있기 때문이다. 따라서 언론은 성폭행 사건을 다루고 보도하는 데 있어서 자극성과 선정성을 앞세우기보다는 보도의 취지와 '팩트 체크'라는 언론의 책임부터 생각해야 한다. 사건을 보도할 때도, 자신들이 한 보도가 문제가 됐

을 때도 마찬가지다. 그리고 가해자가 언론 보도를 문제
삼을 때, 피해자를 위해 그 방패를 정직하게 꺼내 들어야
한다. 이것이 바로 언론이 존재하는 이유이자 소명 의식
이다.

　　안타깝게도 언론이 사건을 보도할 때와 보도가 문제
가 될 때, 그 태도를 달리하는 경우가 종종 있다. 정작 대
다수의 가해자는 힘센 언론을 상대로는 명예훼손을 다투
지도 않는다. 주변인들이 '중립'이라는 말로 실은 피해자
에게 등을 돌린 것처럼, 고약한 언론은 방패를 들고 피해
자의 등 뒤에 선다. 억울한 사연을 겨우 입 밖으로 꺼낸 피
해자는 이런 과정을 거쳐 '꽃뱀'으로 내몰린다. 피해자를
졸지에 꽃뱀으로 왜곡시키는 것은 가해자 혼자만의 위력
이 아니다. 주변의 과잉된 호기심과 침묵, 언론의 허울 좋
은 비겁함이 함께 만드는 슬픈 합작품이다.

성폭력 피해 경험자로
당당히 사는 법

성폭력 피해 경험자 가운데 많은 이가 가해자가 누구인지 알고 있고, 어느 정도 증거가 있더라도 고소를 망설인다. 가해자와의 이해관계나 수치심 때문도 있지만, 경찰서에 간다는 것 자체에 대한 심리적 장벽이 높기 때문이다. 그렇게 어렵사리 경찰서 문턱을 넘으면서 형사고소가 진행된다.

가해자로 지목된 꽤 많은 사람은 "내가 저지르지 않은 행동을 했다고 하면 어쩌냐"라며 걱정한다. 피해자를 지원하는 변호사 처지에서 보면 정말 쓸모없는 걱정이다. 고소가 접수된 성폭력 사건 중에 실제 기소까지 이어지는 사건은 3건 가운데 1건이 채 되지 않는다. 피해자의 변호사 입장에서는 '고소했는데 수사기관에서 잘 모르겠다고 하면 어쩌나' 하는 걱정이 더 크다.

어렵게 고소를 하고 간신히 기소가 된 다음에도 법정에서 증거 불충분으로 유죄판결이 나지 않는 경우도 많다. 성폭력 사건 대부분이 고의나 강제성을 문제 삼기 때문에 현행범으로 잡혀 왔거나 CCTV 같은 것이 제출되지 않은 이상, 피해자가 법정에 나와 진술해야 할 일이 많다.

그동안 수많은 문제 제기와 노력으로 수사 단계에서부터 피해자를 배려하도록 제도가 많이 개선되었다. 그러나 피고인에게 유죄를 인정할 것이냐의 여부를 첨예하게 다투는 재판 과정에서만큼은, 피고인의 변호사로부터 피해자에게 상처가 될 만한 질문이나 압박이 쏟아진다. 십중팔구 피해자는 무척 힘들어한다.

얼마 전 한 강제추행 재판에서 피해자 변호사로 증인신문에 함께 참석했다. 증인석에 앉은 피해자는 피해 발생 당시 피고인과 같은 직장에서 팀장과 팀원의 관계에 있었다. 피해자는 신입 사원이었고, 피고인으로부터 총 네 번에 걸쳐 강제추행을 당했다.

피해자가 입사하고 얼마 지나지 않아 회식이 자주 열렸다. 문제는 팀원이 총 세 명뿐이라서, 다른 팀원이 먼저 일어나면 팀장인 피고인과 피해자 둘만 남게 된다는 것이었다. 피고인은 회식을 빙자해 노래방에서, 때론 택시에서, 때론 길거리에서 피해자를 심하게 추행했다. 모텔에 강제로 끌고 들어가려는 시도도 했었다.

견디다 못한 피해자가 회사를 그만두기로 하고 고소를 진행했다. 피해자는 영리한 사람이었다. 사건 당시 녹취한 파일을 일부 갖고 있었고, 이후 피고인에게 항의를 할 때도 녹취를 했다. 처음 피해자가 고소를 고민하며 내게 찾아왔던 날, 피해자는 피고인이 자기가 한 잘못을 부인하진 않을 것이라고 말했다.

내가 그 사람이 아마 사귀는 사이라고 주장할 것이라고 말하자, 피해자는 "에이, 설마요"라고 말했다. 문제가 불거지자, 피해자가 설마 했던 일들이 벌어졌다. 띠동갑을 훌쩍 넘는 유부남 상사는 경찰서에서, 검찰에서, 법정에서, 싱글인 여성 신입 사원과 사귀는 관계였다고 주야장천 주장했다. 피해자와 눈도 마주치지 못했지만 수사기관에서 대질신문을 할 때도 그 주장을 굽히지 않았다.

피해자가 증인으로 나선 날, 피고인 변호사가 몇 가지를 집요하게 물고 늘어졌다. 왜 피고인과 단둘이 노래방을 갔느냐, 평소 남자들과 단둘이 노래방을 가느냐, 노래방에서 추행을 당했다면서 그 이후로도 피고인과 단둘이 술을 마신 적이 있지 않냐, 택시에서 운전기사에게 신

고해 달라고 바로 요구하지 않은 이유가 뭐냐며 피해자를
추궁했다.

피고인 변호사들이 사용하는 흔한 레퍼토리다. 수사
기관에서도 사건 경위를 확인하기 위해 비슷한 질문을 하
기도 한다. 그러나 수사기관에서는 그야말로 확인을 위한
질문이지만, 피고인 변호사들이 법정에서 하는 것은 질문
이 아니라 추궁이고 유도다. 결국은 판사가 누구의 진술
을 믿을 것이냐의 싸움이기 때문에 표면적으로는 사실 확
인을 위해 피해자를 신문한다고 하지만, 최대한 피해자를
너덜너덜하게 만드는 과정이다.

이때 피고인 변호사의 이러한 의도에 휘말리면 안
된다. 그 자리는 피고인의 유죄를 검증하는 자리이지, 피
해자의 죄 없음을 소명해야 하는 자리가 아니다. 피고인
변호사의 질문 내용이나 어투에 신경 쓰지 말고, 이성을
잃지 않고 차분하고 성실하게 답변을 이어가는 것이 가장
중요하다. 그리고 예상되는 질문을 사전에 어느 정도 준
비하고 그에 맞는 답변을 정리해 두는 것이 필요하다.

이 사건의 피해자는 영리하고 부지런한 여성이었다.
증거도 비교적 튼실했다. 재판을 위해 피해자와 사전에
예상 질문 리스트를 만들어 함께 논의했다. 내가 피고인
변호사 역할을 맡아 리허설도 진행했다. 노래방이 노래하

는 곳임을, 둘이 가면 안 되는 우범 지대가 아님을, 다른 사람들과 나눈 채팅방 화면을 준비했다가 제시할 것을, 헤픈 게 아니라 상냥한 거라고 지적할 것을 미리 주문했다. 피해자가 법정에 가기 전에 자기 생각을 충분히 전달할 수 있도록 정리하는 시간이자, 당일에 너무 긴장하지 않도록 간접적으로나마 체험을 시키는 과정이었다.

그런데도 그날의 증인신문은 예상보다 훨씬 집요했고, 피해자의 상처를 헤집는 질문이 이어졌다. 다행히 피해자는 그 과정을 잘 버텨냈다. 증인신문이 끝날 때마다 눈물을 흘리는 피해자를 바라보는 것은 마음 아프지만, 가해자를 처벌하기 위하여 피해자가 겪어내야 할 과정은 다 겪었다는 점에서 후련하기도 했다.

고소를 결심한 사람이라면 이런 점을 미리 숙지하고 마음을 가다듬을 필요가 있다. 피고인 변호사의 역할은 피고인을 변호하는 것이다. 그들의 태도에 상처받지 말고, 대답을 요구하는 판사가 피해자를 불신해서 그러는 것이 아님을 믿어야 한다.

피해자들의 말할 권리는
어떻게 찾아야 할까

2주 연속으로 팔자에도 없는 기자회견을 했다. 하나는 연예인이 피해자인 성폭력 사건이었고, 다른 하나는 연예인으로부터 피해를 당한 성폭력 사안이었다. 한 사건은 안타깝게도 가해자가 처벌받지 못했고, 다른 한 사건은 다행스럽게도 피해자가 처벌받지 않았다. 두 사건의 피해자 모두가 사건 자체로도 큰 상처를 받았지만, 세간의 오해와 선입견으로 보다 더 깊은 상처를 입었다.

법정이 늘 피해자의 억울함을 들어주고 국가 사법권을 발동시켜 가해자를 처벌해 주는 것은 아니다. 꽤 많은 피해자가 자신의 피해 사실을 재판으로 다루는 과정 자체에서 위안을 받기도 한다. 물론 재판을 통해 억울함을 인정받고 가해자가 처벌되는 경우를 부러워하기도 한다.

그런데 한편으로, 가해자가 처벌받는다고 해서 그간의 상처가 모두 치유되거나 완벽하게 위로받는 것은 아니다. 법원이 당신이 피해자라고 말해주어도, 그것으로 끝은 아니다. 꽤 많은 피해자가 억울함을 인정받은 뒤에도 헛헛함과 슬픔이 밀려드는 일을 경험한다. 재판이 끝났을 뿐, 그간 뒤집어쓴 오명이나 뒤죽박죽된 일상이 원래대로 돌아오지 않음을 깨닫기 때문이다. '피해자'라는 사실을 법원이 인정해 주었다고 해도, 피해자에게는 이제 다시 재건해야 할 삶이 그대로 남아 있다. 그가 사건의 '당사자'이기 때문이다. 피해자는 사건이 끝난 후에도 그 사건의 여파 위에 살아가야 할 주체이기도 하다.

이들에게 가장 힘든 일 중 하나가, 자신의 잘못으로 이 끔찍한 사건을 당한 것이 아닌데도 세상은 그렇게 바라볼지도 모른다는 불안이다. 그중 가장 절망적인 것은 피해자를 '꽃뱀'으로 낙인찍는 사회의 시선이다. 주변 사람들이 법원의 판결대로 생각하지 않을 것이라는 불안은 피해자를 다시 한번 좌절시키고 외롭게 만든다.

인터넷을 뜨겁게 달군 해시태그 운동 등 성폭력 피해 폭로의 움직임은 그런 당사자들의 좌절과 외로움이 만든 울분에서 시작되었다. 피해 당사자가 유명인으로부터 가해를 입은 경우 피해를 말하려는 열망은 더욱 증폭된다. 그들은 세상을 향해 "내가 피해자다"라는 말을 하고 싶어 하고, 또 그렇게 말할 필요가 있다.

이처럼 어떻게든 피해자임을 말하고 싶어 하는 당사자들의 열망과 그 발화가 사회에 영향을 미칠 것이라는 믿음으로 기자회견을 열었지만, 도움을 주기는커녕 주변에서 들려오는 여러 말들로 불안했고, 불쾌했고, 매 순간마다 긴장했다. 다행히 우리의 의도가 잘 전달된 것인지 세상이 피해자의 처지에 함께 공분하기 시작했고, 그제야 피해자들은 법원의 판결과 상관없이 환하게 웃을 수 있었다. 기자회견이 다 끝나고 정작 나는 후두염과 몸살로 앓아누워 목소리를 잃었다. 쉰 목소리로 엉금엉금 새 사건들을 들여다보는 시간 동안, 변호를 맡았던 사건의 당사자들이, 또 변호를 맡게 된 사건의 당사자들이 내게 말을 걸어왔다. 그들이 고맙다고 말해주어 속이 시원했고 동시에 나를 기운 나게 하는 말들을 듣다가 목이 메어 왔다.

피해자들의 말할 권리는 어떻게 찾아야 할까. 법이 고민할 지점이 많고, 또 갈 길이 멀다.

'피해자다움'이란
없다

재정신청◆ 끝에 가해자를 처벌할 수 있었던 사건이
있었다.

피해자는 스무 살을 갓 넘긴 대학생이었다. 술자리
가 끝나고 친구의 빈 자취방에 가서 잠들었는데, 함께 술
을 마시고 데려다준 같은 학교 남자 동급생으로부터 성폭
행을 당했다. 신체를 만지는 느낌에 피해자가 눈을 떴을
땐 그가 옷을 벗기는 중이었고, 저항했지만 소용이 없었
다. 가해자는 성관계 직후 자취방을 나가버렸다. 피해자
는 크게 충격을 받아 울면서 몸을 씻었고, 어찌할 바를 모

◆ 검사가 내린 불기소 결정에 불복하는 고소를 뜻한다.

른 채 뜬눈으로 남은 새벽을 지새웠다. 성폭행을 당했다는 것만큼이나 그 사실이 학교 친구나 선후배들에게 알려질까 봐 막막했다. 고민 끝에 아무 일도 없던 것처럼, 기억을 못 하는 것처럼 굴기로 했다. 아침에 집으로 돌아오는 전철 안에서 가해자에게 먼저 연락을 해 '어제 어떻게 자취방에 돌아왔는지 모르겠다'라고 문자메시지를 남겼고, 역시 아무 일이 없던 것처럼 가해자에게 답이 오자 '어제 데려다줘서 고맙다'라고 답했다.

하지만 학교에서 가해자와 마주칠 때마다 견디기 힘들었고, 결국 가해자에게 그날의 피해를 알고 있음을 말한 뒤 자퇴나 휴학을 해달라고 요구했다. 신고하겠다는 말에 겁먹은 가해자가 입대하며 휴학했지만, 진심 어린 사과는 끝내 받지 못했다. 가해자가 복학했을 즈음엔 피해자가 졸업반이 되어 마주칠 일이 많지는 않았지만, 피해자에게 이 일은 상처이자 숙제처럼 남았다. 결국 용기를 낸 피해자가 가해자에 대해 고소를 진행하기로 했다.

처음 검사는 고소를 기각했고, 그 단계에서 피해자가 변호사를 선임하러 나를 찾아왔다. 기각된 고소 사건을 고등검찰청에 항고했을 때는 받아들여지지 않았지만, 이후 재정신청에서 받아들여졌다. 결국 재판 과정을 거쳐 유죄가 확정되었다.

　　이 사건은 왜 처음에는 기소되지 못했다가, 재정신청에서 받아들여진 걸까? 피해자가 재정신청 과정에서 특별히 추가로 제출한 결정적 증거가 있던 것도 아니고, 가해자가 혐의 인정에 대해 입장을 번복한 것도 아니었다. 이 사건이 기소되지 못했던 이유와 결국 기소가 된 이유는 모두 피해자의 진술에 대한 해석 차이에서 비롯됐다.

　　이 사건을 수사했던 검사가 불기소 이유서에 적시한 불기소 이유는, 가해자와 피해자 모두 양자 간에 성관계가 있었다는 것은 인정하고 있지만, 그것이 피해자의 의사에 반하는 것이었다고 확신하기 어렵다는 내용이었다. 검찰에서는 '피해자와 가해자가 있었던 술자리는 처음 여러 명이 함께 술을 마시는 자리였지만, 파할 무렵엔 피해자와 가해자 단둘이 남게 되었다', '이후 가해자가 친구 자취방으로 간다는 피해자를 데려다줬는데 피해자의 제의로 가해자가 그 방안에 들어와 술을 한잔 더 마시게 되었다', '이후 피해자가 신고나 항의를 한 적이 없고 오히려 가해자에게 먼저 연락을 해서는 챙겨줘서 고마웠다고 말했다', '이후에도 피해자가 가해자에게 먼저 만나자고 했었다'라는 여러 정황이 강간 피해자의 행동으로 보기 어렵다고 보았다.

　　경찰서에서 작성된 피해자의 진술 조서를 보니, 피

해자가 당시 정황에 대해 앞에서와 같이 진술하게 된 전후 사정이나, 피해 직후 받았던 충격과 내적 갈등과 같은 이야기들은 자세히 남아 있지 않았다. 경찰에서는 이를 토대로 가해자를 불러 질의응답을 했지만, 이후 피해자를 다시 불러 가해자가 주장하는 정황들에 대해 입장을 묻지는 않았다. 그러다 보니 피해자가 가해자에게 이성적 호감이 있어 함께 친구의 빈 자취방에 가서 성관계를 가졌고, 그 직후에도 피해자가 가해자에게 연락했던 것이 아니겠냐는 판단을 내린 것인데, 강간을 당한 피해자라면 그럴 리 없다는 인식이 결정에 크게 영향을 주었던 것으로 보인다. 그런 이유로 사건 발생 직후에 바로 신고하지 않았던 피해자가 교제를 제안하지 않은 가해자에게 화가 나 성폭행을 당한 것이라고 주장했을 가능성이 크다고 본 것이다.

　　법원의 결정은 왜 달라졌을까? 피해자의 재정신청을 받아들이고 종래에 가해자에 대해 유죄라고 판단한 재판부는 객관적 증거를 토대로 피해자의 진술에 대한 해석을 달리했다. 우선 법원은 피해자가 가해자와 술을 마시고 친구의 빈 자취방에 가게 된 경위를 다르게 해석했다. 애초에 술자리는 피해자가 가해자와 단둘이 술을 마시려는 의도로 이루어진 것이 아니라, 여러 명이 술자리를 하던 중에 피해자와 가해자가 마지막까지 남게 되었던 것으로 보았다. 가해자가 피해자를 데려다주는 과정에서 술을 한잔 더 마시자고 서로 '합의'하여 함께 자취방에 들어가게 되었다고 보았다. 또 법원은 피해자가 가해자와 단둘이 자취방에 있게 된 상황에 대해 피해자의 입장에서 동급생인 가해자를 특별히 경계하지 않을 수 있었으며, 그로 인해 벌어진 우연한 결과로 보았다. 그리고 성관계를 할 정도로 암묵적인 동의가 형성되었다고 보기는 어렵다고 판단했다. 만약 그 정도의 호감이 있었거나 관계에 급진전이 있어 동의하에 성관계를 한 것이라면, 가해자가 그 시간에 피해자를 자취방에 남겨두고 혼자 돌아가거나 다음 날 피해자에게 연락을 하지 않았던 것을 납득하기 어렵다고 본 것이다. 갓 대학에 입학한 피해자의 입장에서는 강간당한 직후 그 충격 속에서 아무 일이 없었던 것처럼, 아무 기억을 못 하는 것처럼 상황을 정리하려 했던 행동도 이상한 일이 아니라고 보았다.

물론 피해자가 재정신청과 재판 과정에서 뒤늦게나마 수사기관이 피해자를 믿을 수 있도록 최선을 다해 소명한 까닭도 있다. 혹자는 재정신청에서 받아들여진 주장을 왜 처음부터 수사기관에 말하지 않았냐고 물을 수도 있다. 하지만 피해자는 일반인이었다. 처음에는 수사기관에 피해 사실을 알리고 수사 담당자가 묻는 말에 대답하는 정도가 전부라고 생각했다. 피해자는 사건이 불기소된 후 그 이유를 접하고 나서야 어떤 부분이 오해받았는지를 알게 되었고, 그제야 수사기관에서 미처 설명하지 못한 내용이 있을 수 있음을 인지했다. 실제로 그런 내용이 많아 성실히 소명하고 증거를 보강하여 제출했다. 하지만 그렇다고 해도 당시 이를 살펴본 판단 주체가 피해 당시 피해자가 처한 상황에 대한 이해도가 낮았다면, 증거를 해석함에 있어 그 상황을 충분히 반영해야 한다는 생각을 갖지 않았더라면, 재정신청이 받아들여지지 않았을 것이고 재판은 아예 이루어지지도 않았을 일이다.

　　성범죄의 특성상 당사자들의 진술 이외에 범죄의 직접증거는 없는 경우가 많다. 따라서 그 진술을 뒷받침하는 여러 정황에 대한 객관적인 증거들을 통해 신빙성을 보강하게 된다. 당사자 간에 엇갈리는 진술 속에서 범죄 발생 전후에 당사자들의 관계가 어떠했는지, 범죄 발생이 일어나기까지의 경위가 무엇인지, 각 당사자가 범죄 발생 중이나 직후에 어떤 행동을 했는지 등이 누가 진실을 말하는지를 판단하는 데 있어 중요할 수밖에 없다. 다만 똑같은 사실을 놓고도 판단 주체가 평소 어떤 성인지 감수성을 가지고 있는지, 피해자가 처한 입장이나 성향 등에 대해 얼마나 이해하고 있는지 등에 따라 그 해석이 전혀 달라질 수 있다. 무조건 피해자 쪽에만 치우쳐서 해석해야 한다는 말이 아니다. 수사나 판단에 있어 '객관적'이란 말이 '기계적'이라는 의미가 아니라는 것이다. 객관적인 증거들을 있는 그대로 바라보고 해석하되, 사건 발생 후 피해자 입장에서 내려놓기 어려운 고민이나 걱정 등을 인지하고 사건의 흐름이나 구체적인 맥락에 따라 증거에 대한 해석이 달라질 수 있음을 적극적으로 고려하여 판단해야 한다는 뜻이다.

　　범죄 피해를 입게 될 것을 예상하지 못했던 피해자는 피해 직후 상당한 충격 속에 있게 된다. 특히 가해자와 갑을관계로 대면하는 환경에 처해 있는 경우, 상당한 스트레스와 내적 갈등을 겪는다. 하지만 오랫동안 사법기관은 이러한 피해자의 상태를 제대로 감안하지 못했다. 피해자가 현재 어떤 상태인지를 제대로 이해하고 있지 못하면, 피해자에게 충분한 질문을 통해 필요한 답변을 이끌어내기 어렵다. 질의응답의 내용도 부실해지다 보니 이를 통해 도출된 피해자의 이야기는 평온한 상태의 제삼자의 시선에서는 당연히 '왜?'라는 의구심을 자아내기 십상이다.

　　따라서 실제 어떤 일이 있었던 것인지를 정확하게 파악하려면 증거를 제대로 살펴볼 수 있는 알맞은 안경이 필요하다. 즉, 제삼자는 피해 사건을 들을 때 피해 당시 피해자의 나이, 진술하는 시기의 나이, 피해자의 직업이나 학력, 사회적 지위, 피해자와 가해자의 관계, 피해자가 상당한 정신적 고통에 지속적으로 노출된 상태라는 것 등을 감안할 필요가 있다. 특히 성폭력 피해자는 마땅히 이래야 한다는 편견에서 비롯된 '피해자다움'에 갇혀 피해 상황을 끼어 맞춰 해석하는 것은 도덕적으로 온당하지 않을 뿐만 아니라, 수사와 판단의 객관을 잃은 것이다.

세간에서는 '피해자의 진술만 있으면 믿어준다'라며 역차별을 운운하지만, 지금까지 가해자들에게 내려진 형사처벌은 이렇듯 피해자들이 여러 편견과 난관을 이겨내고 용기내어 한 진술과 이를 뒷받침하는 여러 증거를 객관적으로 해석한 결과물이다. 그러니 사법기관은 잃어버린 진정한 의미의 '객관'을 찾기 위해 노력해야 하고, 우리 사회는 피해자들이 온당치 않은 '피해자다움'과 부단히 싸우고 있음을 잊지 말아야 한다.

'왜'와의
지독한 싸움

재판을 준비하고 진행하다 보면 수사기관이나 법정에서 피해자들이 많이 받는 질문이 있다. 의뢰인과 상담하는 과정에서 미리 점검하는 질문이기는 하지만, 실제로 그 질문들을 듣게 되면 꽤 씁쓸하다.

"**왜** 가해자와 단둘이 술을 마셨나요?"

"**왜** 가해자와 밀폐된 노래방을 갔나요?"

"**왜** 문을 열고 도망치지 못했나요?"

"**왜** 좀 더 저항하지 못했나요?"

"**왜** 사건 직후 화를 내거나 항의하지 못했나요?"

성폭력 사건이 유독 그렇다. 수사기관과 법원은 피해자가 충분한 정도로 예방 조치를 했으며, 최선을 다해 범죄를 당하지 않도록 노력했다는 내용을 소명할 것을 요구한다. 그러나 도둑맞은 이에게는, 문을 잘 잠그지 않아 도둑이 들었으니 피해자가 잘못했다고 말하지 않는다. 상해를 입은 이에게, 가해자를 화나게 했으니 피해자에게 잘못이 있다고 하지는 않는다. 하지만 성폭력 피해자는 다르다. '나는 성폭력을 당하지 않기 위해 최선의 노력을 했다'라는 사실을 입증해야 한다. 이 부분을 납득시키지 못하면 성폭력 가해자는 기소조차 되지 않는다. 검찰이 기소하더라도 판사를 재차 납득시키지 못하면 '합리적 의심을 뛰어넘을 정도의 입증이 이뤄지지 않았다'라며 가해자에게 무죄를 선고하기도 한다.

'왜'라는 질문에 납득할 만한 대답을 내놓지 못한 피해자는 수사기관과 법정에서 자신이 당한 일이 성폭력이 아니라는 선언을 마주하게 된다. 피해자들이 잘못해 이 모든 일이 생겼다는 '낙인'을 평생 떨칠 수 없게 되는 것이다. '왜'를 이해시키는 데 '성공'한다고 해도, 그 과정에서 받은 충격은 고스란히 상처로 남는다.

최근 이런 질문으로 좌초된 여러 사건의 항소심을 맡고 있다. 한 대학원생이 지도 교수의 친한 친구에게 강간당했다. 가해자의 집요한 요구로 저녁 식사 자리에서 술을 마신 후, 심야의 한적한 주차장 구석에 세워진 가해자의 차에 탔다가 강간을 당했다. 유부남인 가해자는 성추행 전력도 있었다. 피해자는 학업을 중단할 정도의 충격을 받았고, 여러 번 손목을 그었다.

1심 재판에서 피해자는 장장 5시간의 증인신문을 받았다. 그 과정에서 '왜'로 시작되는 다양한 질문과 마주해야 했다. '왜 동맥 대신 정맥을 그었느냐'라는 질문까지 받았다. 피해자는 울면서도 끝까지 대답하기 위해 노력했으나 지친 듯했다. 1심 재판부는 피해자의 진술이 "가해자의 강제성을 입증하기에는 부족하다"라며 가해자에게 무죄를 선고했다.

변호사인 내게도 상처인 사건이었다. '왜'라는 단어로 시작된 여러 질문은 지엄한 법정에 마구 쏟아졌다. 이는 형체가 없을 뿐 가시 박힌 매나 마찬가지였다. 법정 공방이 1년간 이어졌는데, 변론 기일이 다가올 때마다 당사자가 아님에도 매번 온몸이 아팠다. 하지만 나도 마찬가지로 증인신문을 대비하기 위해 피해자에게 비슷한 질문을 던져야 했다.

전보다 성폭력 사건의 기소나 합의 비율이 높아졌고, 재판에서 가해자에게 유죄를 선고하는 경우도 많아졌다. 하지만 전보다 마음이 편해졌느냐고 묻는다면, 전혀 그렇지 않다. 대한민국에서 여자로 살아가려면, 성폭력을

당하지 않기 위해 전방위로 방어 태세를 취해야 한다. 성
폭력을 당한 후에는 '완벽한 피해자'가 되어야 한다. 너무
표정이 밝아도 안 되고, 남자와 술을 마시거나 태연하게
데이트를 해도 안 된다. 대체 언제까지 피해자가 '나는 성
범죄를 당하지 않을 주의 의무를 다했음'을, '공포 속에서
도 최선의 저항을 하였음'을, '피해를 당한 후에는 피해자
답게 행동했음'을 소명해야 하는 걸까.

　변호사인 나는 오늘도 피해자들을 앉혀놓고, 그들을
위한다는 명목으로 '왜'로 시작되는 질문을 던져야 한다.
또다시 한숨이 나온다.

왜 죽도록
저항하지 않았느냐고?

2017년 11월, 한 20대 여성이 택시기사로부터 강간을 당하고 목이 졸려 살해당했다는 사건이 보도되었다.[◆] 인적이 드문 곳으로 승객을 끌고 가서 강간을 한 범인이니, 그 죄질에 대해 굳이 따로 언급할 필요가 있을까.

평화로운 귀갓길이었어야 했는데 도움을 청할 인적도 없는 외진 창고 건물에서 강간을 당하며, 목이 졸린 채 피해자가 느꼈을 공포가 느껴져 가슴이 답답해졌다. 피해자에게는 창고로 끌려간 그 행위 자체가 생명의 위협을

◆ 최민우. 2017-11-23. 「20대 여성 승객 강간·살인 택시기사 항소심도 무기징역」. 《국민일보》

느꼈을 폭행이고 협박이었을 것이다. "저항할 수 없을 정도의 폭행 및 협박이 있었느냐?"라는 질문이 환청처럼 들렸다. 어제도 오늘도 각종 수사기관과 사법기관에서 강간피해자들이 듣고 있을 질문이었다. 목이 메었다.

강간과 같이 중한 성범죄의 경우, 피해자들이 낯선 이로부터 범죄를 당하는 일도 많지만, 일상에서 어떤 식으로든 안면이 있는 가해자에게서 범죄를 당하는 경우도 많다. 그러나 가해자가 누가 됐든 강간이 일어나는 장소는 도와줄 사람이 없는 경우가 대부분이고, 강간이 일어나는 순간 피해자는 어떻게 대처해야 할지 모를 정도로 판단력을 잃게 된다.

문제는 사회다. 판단이 어려운 피해자들을 향해 저항할 수 있던 것이 아니냐, 저항을 '충분히' 안 한 거면 합의한 것 아니냐며, 그 순간 합리적인 대처를 해야 했다고 말한다. 범죄를 당한 직후 충격에 빠진 피해자들에게 네가 당한 일을 강간이나 성폭행과 같은 명확한 단어로 표현해야 했고, 사건 이후 사람들이 의구심을 갖지 않도록 말끔하게 저항했어야 한다고 재단한다.

피해자 입장에서 보면 저항하기 어려운 정도의 성폭력이 이뤄지는 상황은 그 자체로 폭력이고 공포다. 성폭력은 인적이 끊긴 심야의 주차장에서, 새벽의 지방 도로

변에서, 화장실에서, 가해자와 단둘이 있는 집 안 등 고립된 공간에서, 위에서 몸으로 내리깔거나 뒤에서 몸을 억압하며 일어난다. 피해자는 물리적으로든 권력 관계에 있어서든 약자인 경우가 대부분이다. 게다가 다른 사람의 도움을 받기 어려운 상황까지 더해지면 미약하게나마 거부하거나 요구에 응하지 않는 것 이상으로 저항하기가 쉽지 않다. 피해자를 덮쳐 오는 것은 가해자 몸의 무게뿐만이 아니라, 자칫하면 죽을 수도 있다는 두려움이다. 그러니 몸을 밀어내 보거나 싫다고 말하는 것조차 쉬운 일이 아니다.

그런데 우리 사회는 성폭력 피해자에게 '항거불능의 폭행이나 협박이 있었냐'라고 묻는다. 막아낼 정도였는데 저항을 못 한 것은, 못 한 것이 아니라 안 한 것이고, 그러면 강간이 아니라는 결론에 다다른다. 이렇게 "의사에 반하는 성관계인 것은 분명"하지만 "강간은 아니다"라는 불기소 이유서나 판결문을 받아보는 상황이 발생한다. 피해자 입장은 고려되지 않는다.

이런 일이 발생하는 까닭은 법조계조차 가해자의 상황에 이입하고 있기 때문이다. 가해자가 심하게 때리거나 묶어놓고 강간한 것도 아닌데 피해자가 미친 듯이 비명을 지르지 않았거나 온 힘을 다해 저항하지 않았다면 가해자는 피해자의 거부 의사를 알 수 없었을 거라 생각한다. 범죄를 저지르지 않을 주의 의무를 강간범에게 부여하는 대신, 범죄를 당하지 않을 주의 의무를 성폭력 피해자에게 부여한다.

앞서 이야기한 것과 같은 성폭력 사건을 접할 때마다 무죄를 받고 웃으며 법정을 떠나던 가해자들의 얼굴이 함께 떠오른다. 그들이 무죄를 받을 수 있었던 것은 가해자들이 "저항하기 어려운 폭행이나 협박을 했다고 보기 어렵"기 때문이다. 이런 사건에 대해서도 온전히 강간이라고 말하지 않는 우리 사회의 성인시 감수성을 집하면 안타까운 마음만 들 뿐이다.

담벼락을 낮춰 집을 지은 탓에 도둑이 든 것이니, 가해자가 도둑이 아니라는 말은 어불성설이다. 그러니 당연히 가해자가 인정할 수 있을 정도로 저항을 안 했으니 강간이 아니라는 말도 어불성설 아니겠는가. 우리 사회는 피해자의 시선에 대한 이해나, 충격을 받은 상태의 피해자에 대한 배려가 여전히 부족하다. 이제부터라도 사회의, 법의 시선을 다시 정비해야 한다.

법정에서는
전략이 필요하다

그를 처음 만난 건 겨울이 성큼 다가온 추운 저녁이었다. 그는 한 개인 병원에 근무하는 간호사였다. 첫 상담 전, 휴가를 따로 내기가 어려운 형편이라며 저녁에 시간을 내주면 부지런히 올라오겠다고 열심히 설명하는 목소리에는 울음이 배어 있었다. 상담하러 들어선 그의 얼굴에도 눈물이 묻어 있는 듯했다.

그는 병원 간부에게 강간을 당했다. 가해자는 퇴근 시간 무렵 혼자 남아 뒷정리를 하던 피해자를 주사실 환자 침대에서 강간했다. 피해자는 과거에도 성폭행 피해를 당한 적이 있었다. 그 트라우마로 정신과 치료를 계속 받고 있었다. 규모가 크지 않은 직장의 특성상, 동료들끼리

관계가 치밀했다, 피해자는 동료에게 사정 전부는 아니어도, 트라우마로 인해 폐쇄된 공간에서 과호흡이나 경직이 온다는 증상을 털어놓은 적이 있었고, 이를 알고 있던 가해자는 피해자의 상태를 악용했다.

피해자는 좁고 외부의 시선이 차단된 주사실에서 가해자를 밀어내려 애썼다. 하지만 체격 조건이 현저히 다르다 보니 별 소용이 없었다. 피해자는 극렬히 저항할 틈도 여유도 갖지 못했고, 극한의 공포에 고스란히 노출된 채 다시 한번 피해자가 됐다. 피해자는 충격으로 자기 손목을 긋기도 했다. 함께 자취하는 동료가 제때 발견하지 못했다면 과다 출혈로 생명이 위험할 수도 있었다.

이런저런 심적 고통을 이겨내고 고소를 결정하기까지도 어려웠지만, 기소까지의 과정은 더 녹록지 않았다. 그래도 다행스럽게 기소가 됐고, 못된 가해자는 비로소 '피고인'이 되었다. 피해자는 뛸 듯이 기뻐했다. '원래는 이렇게 해사하게 웃는 청춘이구나' 하는 생각이 들 정도로, 피해자는 잃어버린 웃음을 되찾았다. 가해자 처벌은 피해자의 치유에 있어 가장 근본적인 첫걸음이라는 생각이 들었다.

문제는 피고인의 권리가 보호되다 못해 피해자의 인권이나 인격이 침해당하기 십상인, 법정에서의 피해자 증인신문 자리였다. 피고인의 변호사는 무죄 추정의 원칙을 십분 활용해 '실은 너도 원했잖아'라는 식으로 피해자를 몰아갔다. 객관적 자세를 견지하며 죄의 유무를 판단해야 할 재판부는 이러한 신문을 말리기보다는 되레 피해자의 답변을 궁금해하기도 한다. 영화나 드라마의 한 장면처럼 '이의 있습니다'라고, 현실 속 검사가 외치는 장면은 기대하기 어렵다. 피해자 홀로 피고인, 피고인 변호사와 마주하여 사투를 벌이는 시간이다.

　　이 사건의 피고인 변호사는 증인신문을 시작하자마자 피해자에게 대못을 박았다. "증인이 간호사니까 동맥이 어디 있는지 잘 알지 않냐", "왜 동맥을 끊지 않고 정맥을 끊었냐", "죽고 싶은 게 아니었던 거 아니냐", "보여주려고 그런 거냐" 등 잔인한 질문이 이어졌다. 피해자를 미리 만나 이런저런 사전 준비를 했지만 저급한 질문이 이어지자 피해자는 채 10분을 버티지 못하고 "제가 안 죽은 게 문제인 거냐"라고 따지기 시작했다.

　　그 와중에 재판장은 피해자에게 화만 내지 말고 대답을 좀 해보라며 채근했다. 상황이 그쯤 되자 피해자는 울부짖기 시작했다. 검사가 선뜻 나서서 화제를 전환하거나 휴정을 구하기 어려운 상황이었다. 도저히 침묵을 지키기 어려웠다. 재판부에 양해를 구해 피해자 변호사로서 휴정을 구했다. 그리고 휴정 시간 동안 증인 대기실에서 피해자를 진정시키고, 법정으로 돌아와 이런 질문에는 심각한 문제가 있다고 항의했다.

　이후 다시 시작된 증인신문에서도 앞선 신문에 못지않은 질문들이 이어졌다. "강간을 당한 다음 주에 선을 보러 나갔다는데 사실이냐", "일주일 전에 강간당한 여자가 낯선 남자랑 선을 본다는 게 상식적이냐", "피해자가 유부남인 피고인에게 업무 문자를 보내며 'ㅋ' 'ㅎ' '^^' 같은 부호를 썼는데 이는 부적절하지 않은가?", "왜 주사실에서 소리를 지르지 않았나?", "실은 당신도 즐겨놓고 정신과적 증상 때문에 강간으로 이야기를 사후 구성한 것 아니냐". 듣기만 해도 머리가 지끈거리는 질문이 난무했다. 종래에 피해자는 피고인 변호사의 "저항을 했냐"라는 질문에 "그럴걸 그랬네요"라며 허탈하다는 듯 답했다. 아뿔싸 싶었다. 일상의 언어와 법정의 언어는 사뭇 달라서, 판사가 어떤 방향으로 심증을 굳히고 있느냐에 따라서 이러한 답변은 강간이란 범죄의 성립 여부에 지대한 영향을 줄 수 있기 때문이다.

　나는 당시 비공개였던 법정에서 피해자의 트라우마 원인과 증상을 재판부에 설명하고, 피해자가 저항이 어려운 상태일 수 있었음을 고려하여 재판부가 직접 그에 대한 질의응답을 해달라고 요청했다. 그리고 재판이 끝난 후에는 이날 피고인 변호사의 가학적인 태도와 그에 따른 피해자의 쇼크 상태 등을 지적하는 의견서를 제출했다. 사건을 판단하는 데 업무상 위력 관계를 더 실질적으로 고려해야 한다고 주장도 했다.

자신의 문제만으로도 휘청거리는 피해자가 잔 다르크나 전사가 될 필요는 없다. 여린 어깨에 많은 짐을 이고 진 채, 외로워도 슬퍼도 울지 않는 캔디가 되어야 할 이유도 없다. 피해자는 운 나쁘게 폭력에 노출되어 심신이 피폐해진 상황일 것이다. 하지만 법정에서의 증인석은 죄와 벌을 명징하게 가르고 이 상황에서 벗어날 마지막 관문이자 기회다. 피해자를 물고 뜯으려 만반의 준비를 한 피고인 측에 휘둘려서는 안 된다. 귀는 반만 열고 시선은 판사를 향하자. 어깨에 진 짐의 무게는 뒤에 앉은 내 변호사와 나눠서 지자. 당장은 분노해서 하고 싶은 말도 많고 눈물도 나겠지만, 그건 내 변호사가 대신해 줄 거라 믿어야 한다.

하고 싶은 말을 다 하는 것이 중요한 자리가 아니다. 해야 할 말을 다 하는 것이 중요함을 기억하자.

가해자의 무기,
무고

　수사기관에 거짓된 내용으로 고소를 하면 무고죄로 처벌을 받는다. 그런데 최근 성폭력 가해자가 피해자를 무고죄로 맞고소하는 일이 잦아졌다. 피해자 입장에서 무고죄로 고소를 당하는 것은 여간 큰 부담이 아니다. 성폭력 가해자들의 행각이 피해자들의 입을 틀어막고 부담을 가중시킨다.

　사정이 이러하다 보니 2016년 말「성폭력범죄의 처벌 등에 관한 특례법」일부 개정법률안이 발의됐다. 내용인즉슨 성폭력 피해자가 무고죄로 고소되는 경우, 피해자가 먼저 고소한 성폭력 사건에 대한 판단이 나기 전까지는 무고와 관련된 조사와 재판 등을 할 수 없다는 것이 핵심이다. 가해자가 피해자를 상대로 무고죄로 맞고소하는 것에 대한 제동장치인 셈이다. 그런데 가해자들의 이러한 반격을 법적으로 무조건 차단하는 것이 정의라고만 할 수도 없을뿐더러, 실제로 이 법이 효과적으로 피해자를 보호하는지에 관해서도 의문이 든다.

성폭력 가해자에 대해 유죄판결이 나려면, 판사가 합리적 의심 없이 범죄 사실을 확신할 수 있을 정도로 사건을 입증해야 한다. 따라서 피해자의 성폭력 고소가 증거 불충분으로 기소되지 않거나 유죄가 인정되지 않는다고 해서, 피해자에 대하여 무고죄가 성립되는 것이 아니다. 무고죄가 성립하려면 피해자가 '자신의 기억과 다른 사실'을 가지고 '수사기관에 신고나 고소'를 해야 한다. 즉, 피해자가 주장하는 성폭력이 피해자의 기억과 다른 사실인지에 대한 수사가 먼저 이뤄진다. 무고죄에 대한 고소는, 피해자가 애초부터 원했던 성폭력 피해 사실에 대한 수사로 이어지는 셈이다.

수사기관에서는 가해자가 피해자를 무고죄로 맞고소한다고 해서 가해자가 정말 억울하리라고 생각하지 않는다. 재판부 입장에서 보면 피해자를 맞고소한 가해자는 사실을 인정하고 반성하지도 않을 뿐만 아니라 피해자를 괴롭히기까지 한 것이다. 즉, 유죄를 선고하는 경우 더 무

거운 형을 선고하게 된다. 이렇듯 가해자의 맞고소는 가
해자에게 양날의 검이기도 하다.

　피해자를 무고죄로 맞고소하는 것은 가해자의 비열
한 공격이기도 하지만, 때때로 이는 피해자에게 법적 절
차 안에서 반성하지 않는 가해자들을 무겁게 처벌할 기회
로 작동하기도 한다. 가해자들의 맞고소 행각을 긍정하는
말이 아니다. 이러한 가해자들의 행각이 법적 실무에서는
가해자들의 의도와 다르게 작동되고 변주될 수 있음을 말
하고 싶다.

　피해자 중심의 법률 개정도 필요하겠지만, 실무에서
그보다 시급한 것은 제대로 된 법의 적용이다. 법이 제대
로 적용되려면 가해자들의 괘씸한 행동이 종래에 가해자
자신의 발목을 잡는 자충수가 될 방안과 제도를 모색해야
한다. 가령 성폭력 피해자에 대한 법률 지원이 있는 것처
럼, 고소 후 맞고소를 당하는 경우에도 법률 지원을 받을
수 있는 제도를 마련할 필요가 있다. 궁극적으로 피해자
를 보호하는 가장 좋은 방법은 피해자를 괴롭히는 일이
가해자에게는 불리한 결과로 이어지도록 만드는 것이다.

한 성폭력 사건
변론을 맡은 후 생긴 일

    미투 열풍이 몰아쳤던 2018년 초, 사무실로 50대 여성이 찾아왔다. 두툼한 서류 가방에서 소송기록을 여러 묶음 꺼냈다. 첫 번째 묶음은 가해자가 강간을 시도하던 중에 팔꿈치로 피해자의 가슴을 눌러 가슴뼈라고 불리는 복장뼈에 금이 가는 상해를 입어 고소했던 기록이라고 했다. 상해 부위, 새벽에 헤어진 후 피해자가 이른 아침 병원에 가서 진단받은 정황, 여타 기록 등을 보니 기소될 가능성이 매우 높아 보였지만 의외로 불기소처분이 내려졌다. 두 번째 묶음과 세 번째 묶음은 피해자가 불기소처분에 대해 이의 제기를 하였던 항고와 재정신청 기록이었다. 네 번째 묶음이 무엇인지 물으니, 가해자가 피해자를 무고료 고소해서 피해자가 피의자로 수사받았던 기록이라고 했다. 그런데 기록 묶음이 더 있었다. 다섯 번째 기록은 민사소송 중인 기록이었다. 피해자가 너무 억울해서 손해배상을 청구했구나 싶었다. 그런데 실상은 가해자가 피해자에게 먼저 민사소송을 제기하고 집에 가처분 신청을 건 기록이었다. 이건 또 뭔가 싶었다. 멀리서 변호사 사무실을 찾은 그는, 5년여 정도 송사로 얼룩진 억울하고도 황망한 시간을 보내고 있었다.

거리가 꽤 되는 지역이라 사건을 맡을지 고민이 됐다. 피해자는 간절했다. 결국 사건을 맡기로 했고, 그와의 인연이 시작됐다.

사건의 시작은 '반소'◆였다. 가해자가 먼저 낸 본소나 피해자가 이에 대해 낸 반소나 서로 기각되고 끝날 듯 보였지만, 피해자가 원이 없도록 법정에서 피해 사실을 다퉈주는 것이 목표였다. 그런데 이렇게 시작한 민사소송 과정에서 가해자와 피해자 사이에 오고 간 맞고소 사건들에 대한 수사기록이 공개되어서 검토하는 중에, 가해자가 제출했던 강간치상 사건에서의 불기소 이유서에서 중요

◆ 민사소송법의 용어로, 본소의 청구에 대한 방어를 위해 새로 소송을 청구하는 것을 뜻한다.

한 내용이 삭제된 걸 발견했다. 비록 검찰이 이 사건을 불기소하였지만, 고소인이 무고를 한 것은 아니라고 판단해 기재한 부분이었다. 같은 사건의 불기소 이유서인데 피해자와 가해자가 받은 불기소 이유서의 기재 내용이 달랐던 것이다.

　가해자가 해당 부분을 삭제하고 사본을 증거로 제출한 게 아닌지 의심됐다. 결국 추가로 고소를 진행했다. 이후 경찰에서 주도하는 고소인 조사에 배석했다가 놀라운 이야기를 들었다. 그 지역 검찰에서는 무고 여부에 대해서 그동안 성범죄의 고소인 측에게만 알려주었다는 것이다. 더 이상한 건, 피해자가 강간치상 사건의 고소인이었다가 무고 고소를 당해 무고 사건의 피의자가 되었는데, 피해자가 받은 강간치상 사건과 무고 사건 각각의 불기소 이유서에는 모두 고소인의 무고 여부에 대해 기재되어 있었다. 즉, 성폭력 고소 사건에서 고소인에게만 해당 고소가 무고가 아니라고 알려주었는데, 성폭력이 아닌 고소 사건에서는 고소인과 피고소인 모두에게 해당 고소가 무고가 아니라고 알려주었다는 것이었다.

　최근 성폭력 사건에서의 큰 문제가, 가해자가 증거 불충분으로 불기소가 되거나 가해자에 대한 무죄가 판결되고 나서 되레 피해자가 무고 고소로 시달리는 일이다.

ㄱ 지역 검찰 답변대로라면 가해자가 피해자를 무고라고 고소할 우려가 있어 무고 혐의는 없다고 검사가 판단했는데, 검찰 또는 그 중간의 검찰 공무원 누군가가 임의로 가해자에게는 이 사실을 안 알려줬다는 말이다. 결국 가해자로 지목됐던 사람은 피해자를 상대로 되지도 않을 고소를 하게 되고, 피해자는 무고 고소에 시달리게 되고, 수사기관은 행정력을 낭비하게 된 것이다. 대체 무슨 이유로, 누가 결정해서, 이런 일들이 왜 일어나고 있는 것인지 이해하기 어려웠고 화가 났다.

　　결국 경찰에 이런 부분에 대한 정확한 상황 파악을 요구했고, 언론에도 취재를 요청해 두었다. 기소권이 없고 검찰의 수사 지휘를 받는 경찰에서 어느 정도로 수사할 수 있는지, 설령 이 내용을 알게 되더라도 이 사건을 제대로 처리할지는 모를 일이다. 일개 변호사인 나 혼자 이것저것 알아보는 데에는 한계가 있지만 취재든 조사든, 무엇이든 해줄 수 있는 곳을 찾아 문을 두드리고 있다.

피해자를 위해
수사기관의 배려가
필요하다

성범죄는 피해자가 누구인지에 상관없이 특별한 이유가 없는 한 범죄가 발생한 지역 관할 경찰서의 여성아동청소년수사팀(이하 여청수사팀)에서 사건을 담당하게 된다. 어떤 사건으로 경찰서를 찾느냐에 따라 다르겠지만, 통상 여청수사팀은 경찰서 내에서 가장 성인지 감수성 수준이 높고, 수사 대상을 최대한 배려하고자 노력하는 곳이다. 그럼에도 성폭력 피해자들에게 경찰서를 방문하는 것은 긴장과 부담의 연속이다. 어렵사리 입을 뗄 결심을 하고 그 첫 관문으로 찾는 곳이기 때문이다. 피해자마다 만난 수사관에 대한 인상이 다르겠지만, 여청수사팀은 한국 사회가 그간 성폭력 피해자들을 위해 성취해 놓은 최소한의 합리가 반영된 곳일 뿐만 아니라, 배려를 받을 수 있는 곳이다.

성범죄 때문에 상처 입고 불안해하는 의뢰인들의 손을 잡고 가장 많이 간 곳은 경찰서였다. 다만 과거와 달라진 것이 있다면 이전에는 온갖 경찰서의 여청수사팀들을 드나들었는데, 최근에는 여청수사팀만큼이나 경제팀에 드나들고 있다는 점이다. 과거보다 피해자들이 세상을 향해 피해 사실을 호소하는 경우가 많아지다 보니, 자연스레 맞고소를 당하거나 손해배상 청구를 당한 피해자들의 사건을 맡을 일도 많아진 것이다.

문제는 이러한 형사적 고소·고발 사안을 다루는 수사 주체다. 무고죄나 명예훼손죄는 경제팀에서 다루고 있다 보니, 성폭력과 관련된 사안도 경제팀에서 다룬다. 다시 말해서, 무고나 명예훼손의 근간이 되는 사안은 성폭력임에도, 해당 사안과 당사자들을 수사하고 다루는 주체는 여청수사팀이 아니라 경제팀인 것이다. 서로 가해와 피해의 주체라 주장하는 당사자들과 직접 소통하며 사안을 다루는 데는 팀마다 온도 차가 크게 발생하는데, 그로 인한 폐해와 상처는 고스란히 피해자의 몫이 된다.

지난여름에도 20대 중반의 여성이 찾아왔다. 협력업체 대표에게 성폭력을 당한 뒤 우여곡절 끝에 그를 기소했는데, 1심에서 피고인에게 무죄가 선고된 상황이었다. 피해자는 눈물을 쏟으며 가해자에 대한 판결문을 꺼내놓았다. 판결문 대강의 내용은 피해자와 피해자 주변인의 진술이 엇갈렸고, 증인들이 가해자에 대한 안 좋은 감정으로 진실을 말하지 않았을 가능성이 있다는 것이었다. 자칫 피해자를 의심하는 방향으로 해석될 여지가 있어 보였다. 1심에서 무죄판결을 받은 피고인에 대해서는 항소심에서도 유죄판결이 나오기 쉽지 않다고 설명하면서, 설령 항소심에서 무죄판결이 나오더라도 피해자의 입장이 좀 더 반영된 판결을 받을 필요가 있다고 안내했다.

한 해가 지나고 얼마 전 다시 한번 의뢰인이 찾아왔다. 애써보았지만 항소심에서도 다시 가해자에 대해 무죄판결이 나왔다고 했다. 그런데 무죄판결을 받은 가해자가 피해자와 증언을 해준 피해자 지인들을 대상으로 무고와 위증 등의 혐의로 무차별적인 고소에 나섰다고 했다. 항소심 판결문에는 그래도 1심 판결문보다 피해자의 입장이 많이 반영되어 있었다. 딱히 무고나 위증으로 기소가 될 것 같지 않아, 피의자 조사를 받을 때 소명할 내용을 안내하고 너무 걱정하지 말라고 위로해서 돌려보냈다. 얼마 지나지 않아 또다시 울면서 전화가 왔다. 수사를 받기 위해 경찰서에 다녀오는 길이라고 했다. 혼자 조사받기 어

려울 정도로 위축되어 있던 피해자는 변호사 선임을 원했
다. 사건을 맡은 후 제일 먼저 해당 경찰서 청문감사관실
에 진정을 하고 경제팀 안에서 수사관을 그나마 젊은 여
성으로 변경해 달라고 요청했다.

　　앞서 말했듯 현재 무고 사건은 경제팀으로 배당된
다. 성범죄와 관련된 무고 사건이라면 현실적으로 여청수
사팀이 다루는 것이 보다 합리적인 선택으로 보이지만,
꼭 성범죄와 관련해서만 무고가 다퉈지는 것은 아니니 무
조건 무고 사건을 여청수사팀으로 배당해야 한다고 말하
기 어렵다. 무고의 대상이 되는 원 사건을 직접 담낭하였
거나 이를 알고 있는 수사관이 무고 사건을 맡는 경우, 새
로 고소된 무고 사건에 대해 어느 쪽으로든 선입견을 가
질 우려도 배제하기 어렵다. 하지만 성범죄가 갖는 특수
성이 있다 보니, 증거 불충분 등의 이유로 억울함을 소명
받지 못한 피해자의 입장에서는 무고 고소를 당하고 성범
죄에 대한 이해도가 낮은 수사관으로부터 조사를 받는 것
만으로도 크게 상처 입는 경우가 많다. 피해자 조사가 아
닌 성범죄 무고 피의자로서 받을 조사다 보니 피해자가
그나마 덜 상처받도록 하려면 여성 수사관 배정이 필요하
다고 판단했다.

　　당연히 형사피고인의 무죄 추정의 원칙은 지켜져야

한다. 그러나 피고인에 대한 재판이 아니라 피해자에 대해 재판을 해서도 안 될 것이다. 여전히 한국 사회에서 성폭력 피해자들의 사회적 지위나 경제적 입지는 가해자에 비해 현저히 열악한 경우가 많다. 따라서 피해자가 어렵사리 용기 내 세상에 피해 사실을 꺼내놓았다고 해서 늘 좋은 결과를 기대할 수는 없다. 그러나 가해자에 대한 불기소 이유서나 판결문의 판단 이유는 판결만큼이나 피해자의 삶에 영향을 끼친다. 가해자가 이 내용을 빌미로 피해자에 대해 고소 및 고발을 하면 피해자는 또다시 2차 가해를 당하게 된다. 가해자의 고소에 속수무책일 수밖에 없는 피해자에게, 수사의 주체가 되는 기관의 태도와 배려는 큰 영향을 미치는 것이다.

따라서 적어도 수사 과정에서는 피해 사실을 소명받지 못해 힘들어하는 피해자가 거듭하여 깊은 수렁으로 빠지지 않도록 최소한의 방안을 모색할 필요가 있다. 법원이 판결문을, 검찰이 불기소 이유서에 관해 고민해야 한다면, 경찰은 그 수사의 주체에 대해 고민해야 할 것이다. 피해자가 가장 처음 대면하게 되는 수사기관이 경찰서라는 점에서, 더 세심한 시선으로 성범죄 피해자들의 상황을 바라볼 수 있도록 수사의 주체를 고민해 주기 바란다.

성폭력 '무고'에 담긴 성차별적 시각

한국 사회는 다른 사건에 비해 성폭력 사건에 대한 무고 가능성에 대해 우려와 분노가 유난히 크다. 자연스레 강력한 처벌을 요구하고, 실제로도 그러한 처벌이 내려진다. 사건의 실질에 상관없이 남발되는 무고는 성폭력 피해자를 또다시 수사기관에 출석해 진술하도록 하여 고통스럽게 한다는 점만이 아니라, 잘못된 목적으로 국가 행정력을 낭비시킨다는 점에서 이중 피해를 낳는다. 무고죄에 대한 처벌의 수위가 높은 이유다.

또 여전히 한국 사회 곳곳에는 성별에 대한 차별이 존재한다. 성폭력 사건에 대한 무고죄를 다른 사건보다 민감하고 엄격하게 처벌해야 한다는 요구가 많고, 실제로 그렇게 법이 적용되는 까닭은 이와 무관하지 않다.

성폭력 피해 사건 상담을 하다 보면, 종종 이별 후에 사귀던 상대방으로부터 교제 중에 입은 성폭력 피해에 대한 고민을 토로하는 경우를 만난다. 혹은 진지한 교제를 전제로 성관계를 맺었는데, 관계 직후 상대가 돌변하면서 속았다는 생각과 배신감으로 성폭력을 당한 것이라 규정하는 경우도 있다. 사회·윤리적 관점에서 보면 성폭력으로 보기 충분한 사건이지만, 법리적으로는 성폭력으로 보기 어려운 경우다. 특히 교제를 전제한 상황의 경우 상당수가 적극적인 폭행이나 협박이 있었다고 보기 어려워 강간죄나 강제추행죄로 성립되지 않는 경우가 많다. 문제는 수사기관이나 사법부가 이런 신고나 고소를 '무고'로 분류한다는 것이다. 무고에 대해 지나치게 낮은 기준을 적용한 거라 볼 수 있다.

성폭력에 대한 무고 사건 전부를 무고가 아니라고는 말할 수 없을 것이다. 그런데 사귀던 관계나 교제를 전제로 했던 관계에서 발생한 성폭력을 신고 및 고소하게 되는 경위, 그것이 무고로 분류되는 과정, 처벌 정도를 들여다보면 사회가 가지고 있는 여성에 대한 차별적 시선이 드러난다. 사람들은 흔히 사귀던 관계나 사귈 뻔한 관계에 있던 여성이 상대방을 성폭력 가해자라고 주장하면 미련을 못 버려서 그런다고 생각한다. 하지만 대부분의 경우는 관계를 유지하느라 존중받지 못했던 성관계나 성적으로 불쾌했던 부분들을 문제 삼지 못했다가, 관계가 끝나면서 그 행동이 성폭력이었음을 뒤늦게 자각하는 경우가 꽤 많다. 그러나 사회는 이들을 집착이 심해 남자 하나 잡는 마녀쯤으로 본다.

반면에 이별을 수용하지 못하는 남성들은 원치 않는 이별을 당하거나, 자신의 마음을 상대방이 받아주지 않을 때 분노를 폭력으로 표출한다. 받아들일 수 없는 이별을 겪으며 상대 여성의 명예를 집요하게 훼손하거나, 때리거나, 협박하거나 하는 등의 직접적인 물리적 유형력이 있는 폭력과 위협으로 이어지는 일이 많다. 모든 남성이 그렇다는 것이 아니다. 다만, 여성이 이별 후 관계를 돌아보며 '그건 성폭력이지 않았을까'라는 억울함에서 신고나 고소를 하는 경우가 많다면, 이별을 받아들이지 못하는 남성은 직접적인 폭력을 행사하는 일이 비교적 많다는 이야기다.

이런 폭력은 실제로 과거에 있었던 일이 억울해서 생기는 것이 아니라, 현재 상대의 결정을 받아들이지 못해 생긴다. 그리고 상대의 신체나 삶을 위협하는 직접적인 방식으로 가해가 이루어진다. 그럼에도 약식기소로 사건이 끝나거나, 벌금형으로 사건이 마무리되는 일이 부지기수다. 그리고 이들이 이런 행동을 한 사연을 들으면 '오죽하면'이라는 이해의 말을 덧붙인다. 우리 사회와 법은 여성이 죽거나 죽을 만큼 다친 것이 아니라면, 상당 부분 가해자의 행동을 이해해 준다.

무고든 폭력이든 옳지 않다. 이별을 둘러싸고 간헐적으로 일어나는 이런 일들은 응당 지양돼야 한다. 현재 상대방의 의사를 존중하지 않는 데서 일어나는 일이기 때문이다. 그렇지만 이렇듯 성별에 따라 달라지는 선택과 그 행동의 배경을 자세히 들여다볼 필요가 있다. 여성이 폭력 대신 법적 고소를 고민하는 이유는 어떤 식으로든 존중받지 못한 과거의 상처가 존재하기 때문이고, 상대적으로 물리적 약자라는 배경이 있기 때문이다.

나는 무고와 폭력 사이에, '그는 그럴 수 있지만, 그녀는 그러면 안 된다'라는 편견이 존재한다고 생각한다. 최근 성폭력 사건을 두고 무고죄로 상대를 기소하는 경우가 부쩍 많아졌다. 무고가 지양돼야 하는 것과, 무고죄로 상대를 기소하게 된 배경과 이유를 온당하고 균형적으로 살피는 것은 다른 문제다. 성폭력 무고에 있어서, 여전히 성차별적 시각에서 다뤄지고 있는 지점은 무엇인지 고민이 필요하다.

그럴 만한 피해자,
그럴 리 없는 가해자

최근 몇 년간 뉴스를 보면 똑같은 대본에 인물들만 달라지는 드라마를 보는 듯하다. 안희정 전 충남지사, 오거돈 전 부산시장, 박원순 전 서울시장 등 유력 정치인들이 저지른 권력형 성폭력과 이를 둘러싼 피해자에 대한 2차 가해에 관한 이야기다.

성폭력 사건이 알려지면 흔하게 등장하는 레퍼토리가 있다. 바로 "그럴 사람이 아닌데…"라는 말과, 세트처럼 이어지는 "걔가 평소에 좀…"이라는 반응이다. 이것은 가해자에 대한 믿음의 서사다. 가해자가 성폭력을 저질렀을 리 없다며 되레 피해자를 의심하거나, 설령 가해자가 다소 문제 있는 언동을 했더라도 이를 피해자가 유발했거나 침소봉대했다고 생각한다. 가해자를 위한 이 오래된 서사는 꾸준히 피해자를 의심하는 방향으로 힘을 발휘해 왔다. 처음 사건 소식을 접하고 경악하던 사람들이, 종래에는 "확실해?"라며 피해자를 의심하게 된다. 한국 사회는 지난 세월 수많은 성폭력 사건에서 이를 반복해 왔고, 대중들은 이 프레임을 학습했다. 덕분에 '그럴 리 없는' 가해자들은 처벌받지 않았고 시간이 지나며 잊혔다. 살인이나 강도, 절도 같은 사건들에서는 별반 힘을 발휘하지 못하는 이 낡은 프레임이 유독 성폭력 사건에서만큼은 위력을 발휘한다.

그렇지만 그런 짓을 할 만한 사람이 따로 있고, 그런 짓을 당할 만한 사람이 따로 있는 게 아니다. 최근 알려진 일련의 사건들을 통해 누구라도 가해자와 피해자가 될 수 있음이 확인됐다. 일상에서 일어나는 성폭력 대부분이 동등하지 않은 관계에 기반한다. 지위가 높을수록 보상이 높아지는 만큼 책임도 따르게 되는데, 보상에는 익숙해지고 책임에는 소홀해지는 순간 타인의 예의와 친절을 멋대로 해석하게 된다. 더 큰 난관은 위력에 의한 성범죄를 겪은 피해자가 애써 용기를 내 문제를 제기할 때 등장한다. 오만 사람들이 '그럴 리 없는' 가해자와 '그럴 수도 있는' 피해자의 프레임으로 피해자를 옭아맨다.

　　일상에서 피해자에 대한 2차 가해는 다양한 방식으로 나타난다. 2차 가해는 피해자를 심각하게 훼손시키지만 일일이 처벌하기 어렵다. 가장 큰 문제는 정작 2차 가해를 일삼는 행위자 스스로 잘못했다는 자각을 하지 않는다는 것이다. 2차 가해를 하는 사람들은 피해자의 고통에 둔감하고 자신들의 권리에 민감하다. 이들은 '내가 뭘 어쨌다고 그러냐', '이 정도 말도 못 하냐'라고 항변한다. 2차 가해로 힘들어하는 피해자의 고통에 대해서는 애초에 피해를 입었으니 고통이 생긴 것이고, 피해 사실을 말한 피해자가 감수해야 할 몫이라고 정당화한다. 설령 자신의 언동이 피해자에게 상처를 주었다고 해도 자기 혼자 한 것이 아니니 비난받을 만한 잘못을 했다고는 생각하지 않는다.

　　최근 세간을 떠들썩하게 했던 유력 정치인들의 성범죄 사건들로 인해 그동안 은근슬쩍 모른 척해 온 2차 가해의 문제들이 수면 위로 드러났다. 박원순 전 서울시장의 고소 사건에서는 피해자가 가명으로 작성한 고소장을 접수하기도 전에 박 전 시장에게 고소 사실이 전달됐다. 이는 피해 사실을 제대로 수사받고 소명받을 피해자의 권리를 심각하게 침해하는 일이다. 심지어 이 일은 여성 인권을 대변해 온 정치인과 여성 단체 대표, 성범죄를 관리·감독하는 공무원에 의해 일어났다. 어느 고위직 검사는 가해자와 팔짱을 낀 사진을 SNS에 올린 뒤, 사진 속 자신이 가해자를 추행한 것이냐며 피해자를 조롱했다. 박원순 전 서울시장의 장례식에 조문을 왔던 여당 대표는 기자들을 향해 '피해자'라는 호칭을 사용하는 것에 대해서도 노골적인 거부감을 표했다. 박 전 시장의 수많은 지지자는 피해자의 신상을 인터넷에 까발리며 피해자를 향해 살인자라고 말했다. 서울시 비서실에 근무한 직원은 피해자가 쓴 편지 등을 SNS에 올리기도 했고, 사회적 이슈에 대해 소신 있는 발언을 해온 저명한 교수는 피해자가 쓴 편지를 공개하고 실명을 노출하기도 했다.

이렇게 피해자의 권리는 다양한 방식으로 침해됐다. 그러는 사이 피해자는 수차례 고통을 호소했고, 가족들은 피해자가 극단적인 선택을 할까 봐 걱정스러워했다. 하지만 피해자에게 2차 피해를 입힌 사람들 가운데 그 누구도 자신이 피해자에게 고통을 주었다고 생각하지 않았다. 피해자는 '그럴 사람'이고 가해자는 '그럴 리 없는' 사람이라는 생각, 이 정도 말은 해도 되지 않느냐는 안일함, 자신만 이런 말을 하는 게 아니라는 스스로에 대한 면죄부가 2차 가해를 만들어 낸다. 하지만 아니다. 피해자에 대한 무분별한 추측성 가십을 듣는 것은 그 누구에게도 권리일 수 없다. 모두 함께 잘못했다고 내가 한 잘못이 희석되는 것도 아니다.

'누구나 가해자가 될 수 있고 누구나 피해자가 될 수 있다.' 위태로운 말이다. 하지만 이 말은 그럴 리 없다고 믿었던 바로 그 가해자의 실제 행동을 통해 확인된 말이기도 하다. 피해자의 입을 막는다고 없던 일이 되지도 않는다. 그럴 리 없는 일이 현실에서 발생하는 것을 막으려면 가해자에 대한 확신으로 피해자에게 상처를 주는 낡은 프레임부터 버려야 한다. 피해자가 겪은 고통이 당장은 피해자 개인의 고통처럼 보이겠지만, 길게 보면 이는 우리가 몸담은 사회 공동의 위험이다. 문제를 직시해야만 피해자의 고통도, 우리가 마주할 위험도 줄어든다.

가해의 책임은
부메랑이 되어 돌아온다

지도 교수로부터 성범죄 피해를 당해서 고소했고, 가해자는 형사처벌도 받았습니다. 형사재판 절차에서 가해자와 아무 합의도 하지 않았기 때문에 민사소송을 걸어 손해배상 판결도 받았습니다. 그런데 가해자가 금전 지급을 하지 않고 있습니다. 어떻게 해야 하나요?

아르바이트하던 곳의 매니저로부터 성범죄 피해를 당해서 고소했습니다. 가해자가 합의를 해달라고 요청하고 있습니다. 저는 합의하고 싶지 않은데 가해자가 돈이 없다면서 지금 합의해 주면 합의금을 주겠지만, 자기가 처벌을 받아서 일을 못 하게 되면 민사소송을 해서 이겨도 돈을 못 받게 될 것이라고 합니다. 정말인가요?

가해자에게 현재 딱히 재산이 없어 보이기도 하고 가해자 가족이 저랑 같은 직장에 다니는데, 민사소송을 내면 꽃뱀이라고 뒷말이 나올까 봐 걱정됩니다. 민사소송을 할 실익이 있을까요?

가해자 입장에서는 형사처벌이나 민사 배상이나, 자기가 저지른 범죄에 대하여 대가를 치르는 것이니 비슷하다고 여길 수도 있다. 하지만 형사처벌은 국가가 사회질서와 평화를 해한 가해자의 범죄행위에 대하여 사법권을 발동하는 것이다. 즉, 가해자에게 내려진 처벌은 가해자가 사회구성원으로서 하지 말아야 할 짓을 하여 사회를 위태롭게 한 것에 대해 치르는 응분의 대가다. 하지만 가해자가 형사처벌을 받는 것이 피해자에게 심정적 위로는 될 수 있겠지만, 피해를 입어 발생한 자신의 손해를 보전해 주는 것은 아니다. 그런 이유로 법에서는 민사법적 절차를 통해 손해를 입은 사람이 손해를 가한 사람에게 그 손해를 배상하라고 청구할 수 있도록 하고 있다. 이처럼 민사 배상은 그 취지와 존재 이유가 형사처벌과는 엄연히 구별된다.

하지만 현실에서는 앞서 말한 사연과 같은 일들이 심심찮게 일어나고 있다. 물론 이런 상황이 꼭 성폭력 사건에서만 일어나는 것은 아니다. 다만 재화든 지위든 물리력이든, 힘의 불균형으로 발생하는 사건들 상당수는 상대적으로 재화가 많은 가해자에 의해 일어난다. 집을 가지고 있든, 점포를 가지고 있든, 자동차처럼 재산 등록이 되는 장비를 가지고 있든, 급여를 받든 금전으로 환산할 수 있는 경우, 범죄 피해를 입은 사실만 인정된다면 특별한 이변이 없는 한 민사 청구도 인정된다. 따라서 가해자가 자발적으로 금전을 지급하지 않더라도 강제집행을 하면 된다.

하지만 가해자가 피해자보다 반드시 사회·경제적 우위에 있다고 단정하기는 어렵다. 심지어 가해자가 사회적으로는 우위에 있더라도, 자신의 명의로 등록된 자산이 없는 경우도 적지 않다. 특히 같은 직장이나 지역에 가해자 또는 가해자의 지인이 있는 피해자들은 자신이 가해자에게 손해배상을 청구하는 것을 두고, 주변 사람들이 금전을 목적으로 고소한 것으로 여기지는 않을지 걱정하기도 한다. 즉, 피해를 입고도 손해배상 청구를 고민해야 하고, 손해배상 청구를 해도 받을 수 있을지 걱정해야 하고, 실제 배상판결을 받고도 당장은 금전을 지급받을 길이 없는 경우가 생기기도 한다.

사실 이런 상황에서는 정답이란 것이 존재하지 않는다. 피해자가 가장 원하는 방향으로 결정하면 될 일이고, 무엇이 되었든 결정한 방향으로 노력하면 될 일이다. 다만 당사자가 결정을 내릴 때 고려해야 할 것은 충분히 해소되지 않은 감정이 아니라, 객관적 정보들이다. 판결이 났는데도 가해자가 돈을 안 주려고 할 때 취할 수 있는 방법이 무엇인지, 가해자가 현재 돈이 없으면 영원히 받을 방법이 없는 것인지, 울며 겨자 먹기 식으로 합의해야 한다면 꼭 알아야 하는 것이 무엇인지, 금선배상 청구와 주변의 횡횡한 뒷이야기들이 상관관계가 있는지 등 순서를 따라 정리해 보겠다. 각자의 상황에 대입하면 답을 내리는 데 도움이 되지 않을까 싶다.

우선 민사 배상 판결이 확정되었다면 법원을 통해 법 집행을 할 수 있다. 다만 집행을 하려면 가해자가 부동산이나 예금, 증권, 자동차처럼 조회 가능한 재산이 있거나 급여가 있어야 한다. 자발적으로 돈을 주지 않는 채무자가 돈이 생겼을 때 그로부터 돈을 받아내려면 확정된 채권이 있어야 한다. 채권의 시효는 기본적으로 10년이고, 이후에도 갱신이 가능하다. 그러니 민사소송을 해서 채권을 만들어 뒀다면, 당장은 집행이 안 되더라도 언젠가는 집행을 할 수 있다. 남들처럼 평범하게 벌어먹고 살든, 부모로부터 쥐꼬리만큼이라도 상속을 받든, 언젠가는 가해자에게 채권을 집행할 수 있는 날이 올 가능성이 높다. 그러니 가해자의 신상 변동을 확인할 수 있는 경우라면 시효가 지나기 전에 민사소송을 제기해 채권을 확보해야 한다. 그러지 못한 경우는 주기적으로 법원에 재산명시 신청이나 재산조회 신청을 해야 한다. 가해자가 돈이 있는데도 주지 않는 것으로 보이거나, 재산명시서도 내지 않는다면, 감치재판을 신청할 수도 있다.

한편 손해가 막심해서 배상으로나마 손해를 보전하고 싶은데, 가해자가 표면상 재산이 없어 손해배상을 받을 길이 없는 경우가 있다. 심신에 입은 손해를 가해자에 대한 엄벌로 보상받을지, 실질적 금전으로 배상받을지는 온전히 피해자의 선택이다. 사실 금전 외에 피해로 인한 충격과 후유증을 보전할 다른 방법이 존재하는 것도 아니니, 이를 두고 주변에서 옳다 그르다 왈가왈부할 바도 아니다. 배상이 필요한데 배상을 받을 길이 요원해 부득이 조기에 합의를 결정했다면, 반드시 합의서를 주기 전에 합의금을 지급받거나 합의서와 합의금을 동시 이행으로 받아야 한다. 나중에 합의금을 받기로 하고 합의서를 먼저 주었다가 낭패를 보는 경우도 적지 않다.

마지막으로 손해배상을 청구했다는 이유로 오해와 편견의 눈초리를 받을 피해자들에게 무엇보다 이 이야기를 전하고 싶다. 손해배상은 피해자의 권리를 구제하는 수단이다. 성범죄 피해 사실에 대해 억측을 일삼는 이들이, 권리 구제를 안 한다고 해서 피해자의 입장을 생각해줄까? '돈을 받고 합의했으니, 결국 돈이 목적 아니었냐'와 같은 못된 소문이 스트레스를 줄 수 있지만, 권리 구제를 안 받는다고 소문이 돌지 않는 것도 아니며, 소문을 막기 위한 방법이 권리 행사를 포기하는 것이 될 수는 없다.

성범죄를 저지르고 민사적 책임마저 외면하려는 가해자들에게도 꼭 하고 싶은 이야기가 있다. 잘못을 저지르고도 반성하지 않은 채 피해자에게 어떻게 하면 돈을 안 줄지 궁리하는 그 시간에도, 민사책임은 조금도 줄지 않고 고이율의 이자만 쌓여가고 있을 것이다. 그 책임은 언젠가 반드시 부메랑이 되어 돌아오게 될 것임을 잊지 말기 바란다.

합법적 장치도
악용될 수 있다

회식이 끝나고 친한 몇몇 사람끼리 술을 한잔 더 하게 되었는데 평소보다 많이 취했어요. 정신을 차렸을 땐 모텔이었어요. 누군가 몸을 더듬어서 깼고, 뿌리쳤는데 계속 만졌어요. 비명을 계속 지르니까 멈췄습니다. 가해자는 같은 부서 과장님이었어요. 제 마지막 기억으로는 술자리에 가해자가 없었어요. 공식적인 회식이 끝난 후 잘 들어갔냐고 톡을 보냈길래 사람들이 있는 장소를 알려줬는데, 아마 그 후 합류했나 봐요. 나중에 다른 부서원에게 들은 바로는 집 방향이 같으니 데려다준다면서 저를 부축해서 갔다고 해요. 가해자는 처벌도 받았고 회사에서 징계도 받았어요. 그런데 회사 블라인드 앱에 제가 먼저 꼬리를 쳤고 부축했을 때 몸을

비비적거리며 추행을 했다고 소문을 내더니, 급기야 청와
대 국민청원 게시판에도 글을 올렸어요.

조직 내 성폭력 피해 사건에서 피해자에게 후유증을
남기는 것은 성폭력 자체만이 아니다. 가해자의 잘못으로
분명하게 결론 내려진 사건에서도, 2차 피해로 인해 눈물
흘리는 피해자들이 적지 않다. 2차 가해는 가해자가 적극
적으로 가담할수록 극심해진다. 한국에서는 피해자가 입
은 명예훼손에 대한 위자료가 피해 대비 턱없이 낮다. 피
해자가 회복하기 어려운 피해를 입었지만, 그 나쁜 소문
의 시작점에 대해 입증하는 것은 쉽지 않다. 그러다 보니
피해자들이 2차 가해를 대상으로 손해배상을 청구하는 민
사소송에 나서기도 쉽지 않다. 그렇다고 이렇게 못된 해
코지를 속수무책 당하고만 있을 수도 없는 노릇이다. 경
제적 사정이 좋지 않고 증거를 마련하기 여의치 않은 경
우, 피해자들은 형사 고소에 나서게 된다.

그런데 이런 2차 피해를 입은 피해자들이 마주하는
현실적인 문제점은 비단 송무에 들어가는 비용이나 증거
만이 아니다. 다양한 정보가 공유되는 인터넷 시대, 정당
한 방어권이나 표현의 자유란 미명하에 가해 방법도 다양
해지고, 이런 가해들이 범죄로 성립되지 않아 법망을 빠

져나가는 경우도 많아지고 있다. 특히 '블라인드' 앱처럼 학교나 직장에서 겪는 어려움을 자유롭게 토로하도록 만들어진 익명게시판이나 억울한 사연 등에 알맞은 조치를 취하고자 만들어진 청와대 국민청원 사이트가 갖는 폐해는 상당하다.

우선 '블라인드' 앱의 경우, 사용자들은 익명성에 기대어 책임지지 않을 글을 마구잡이로 올린다. 실제 사정을 모르는 이의 눈엔 이 정도 내용으로는 피해자가 특정되거나 사실 적시에 해당하지 않는다고 여기기 쉽다. 하지만 블라인드 앱에 게시된 글이 같은 직종이나 같은 회사에 근무하는 사람들을 중심으로 공유된다는 점을 기억해야 한다. 조직 내부에는 피해자 주변이든 가해자 주변이든 혹은 인사 관련자든 몇몇이나마 피해 관련 내용을 이미 알고 있는 사람들이 있게 마련이다. 이들이 정확하게 사실을 알고 있느냐는 부차적인 문제다. 피해자와 가해자를 특정할 가능성이 높은 환경에서, 블라인드 앱에 가해자로 추정되는 사람이 올린 글은 그 사람이 의도하는 대로 의혹을 만들고 말을 만들어 내기 쉽다. 이렇듯 재생산된 말은 처음보다 방대한 범위에서 회자된다.

한편 피해를 입었어도 피해자의 일상은 계속된다. 학교나 직장에서 수군거림을 견뎌내는 동안 피해자의 마음에 멍이 들고 평판엔 금이 간다. 그런데 피해자가 경찰서에 가서 사내 블라인드 앱에 이런 글이 올라왔는데 가해자를 처벌해 달라고 하면, 이게 가해자가 맞는지 어떻게 아느냐는 질문을 받게 된다. 그리고 그 글만으로는 사실적시에 해당하기 어렵다는 이야기를 수없이 듣게 된다.

청와대 국민청원 사이트는 어떨까. 누군가는 정말 억울하고 부조리한 상황을 타개해 보려는 의지로 글을 쓸 것이다. 실제로 어떤 사건들은 국민청원을 통해 다시금 공론화되어 유의미한 변화를 이끌어 내기도 했다. 하지만 이 중에는 애꿎은 타인을 비방하고 폄훼하기 위해 의혹이나 의심 등과 같은 단어로 포장한 글들도 상당하다. 언뜻 보면 마치 필요한 사실을 폭로하거나 고발하는 듯 보이지만, 일단 누군가를 끌어내리고 흠집 내겠다는 심보로 쓴 글들이 난무하다. 문제는 이런 글들 가운데 상당수가 피해자나 가해자 주변 사람이 보면 누구인지 특정되는 경우가 많고, 개중에는 오해를 낳기도 한다는 것이다. 청원 사이트는 다수의 동의를 통해 정부의 답변을 이끌어 내는 구조이기 때문에, 글쓴이는 마치 자신의 주장을 사실인 양 전제하고 조치에 대한 동의를 구한다. 해당 게시 글은 아무런 여과 장치 없이 불특정 다수에게 무분별하게 공개된다. 이런 시스템이 갖는 한계가 협잡꾼의 교활함과 만나면 문제는 더욱 심각해진다. 성폭력 피해자를 향한 잘 못된 정보가 빠른 속도로 유포되고, 피해자를 향한 2차 가 해도 심해진다. 이렇게 청원 사이트는 허위 사실을 유포 하는 도구가 되기도 한다. 설령 아무도 믿지 않을 글이라 고 해도, 피해자는 자신이 그렇게 여겨질 거란 절망감을 느끼게 된다. 글 삭제나 비공개를 요청하는 과정도 답답 하긴 매한가지다. 판결 등으로 확인 서류를 보내달라는 뻔한 소리가 돌아오기 일쑤다.

　　이렇게 합법적으로 마련된 절차나 장치를 악용한 가 해일수록 현재 우리 사회에서 책임을 묻기는 더욱 어렵 다. 고소가 그런 행위를 멈추도록 강제할 방법인 것도 아 니다. 피해가 소명되어서 처벌로 이어지거나 배상판결이 나면 다행이지만, 이마저도 표현의 자유라는 둥, 사실이 라고 믿었을 만한 사정이 있었다는 둥 알량한 이유로 처 벌도 배상판결도 나지 않는 일들이 허다하다. 소명이 되 었을 무렵엔, 이미 씻어내기 어려운 추문 속에서 피해자 에게는 강한 낙인이 찍혀 있다.

　　피해자가 가만히 있을 수도 없는 노릇이다. 하지만 현실적으로는 가해자가 저지르는 2차 가해에 일일이 감정 적으로 대응하기보다는, 그 행위들에 대한 증거들을 차분 히 수집하는 것이 도움이 된다. 증거들이 누적될수록 처벌의 수위도 올라가겠지만, 행위자가 누구인지 합리적으로 추단할 수도 있고 사실 적시 여부도 다르게 평가될 수 있다. 처벌의 수위가 올라간 상태에서 고소하게 되면, 그것이 가장 유효한 피해 억제책으로 작용한다. 무엇보다 피해자가 섣부르게 일일이 반응하는 것 자체가 자칫 가해자가 의도한 추문을 가속화시킬 수 있음을 명심해야 한다. 말이란 나쁘고 요사스러울수록 그럴듯해 보이기 마련이고, 피해자의 말이 가해자의 말보다 자극적일 리 만무하다. 그러니 입장을 표명하고자 한다면 감정 없이 강력하고 분명하게 상황을 밝히는 것이 낫다. 그 무엇보다도 법적 조치를 취하는 것이 가장 빠른 방법일 것이다.

당신의 행동은 정말
고의가 아닌가?

어느 날 경찰에서 성폭력 피해자의 비밀을 누설하는 등 명예훼손을 했으니 조사를 받으러 나오라는 연락을 받았어요. 무척 당황스러웠지요. 일전에 회사에서 한 신입 사원이 과장에게 성희롱과 성추행을 당했다며 신고를 한 일이 있었어요. 과장은 애가 둘이 있는 유부남이었는데, 겉보기에는 아저씨 같지도 않고 일도 잘하는 편이에요. 저는 자세한 상황을 모르니까, 그냥 그런가 보다 했지요. 그때 누군가가 신입 사원에게 업무를 가르쳐 주면서 둘이 그렇고 그런 사이가 되었는데, 과장이 아내한테 걸릴 것 같아 갑작스레 거리를 두니까, 그 직원이 성폭력 피해자라면서 신고를 했다고 하더라고요. 그 말을 듣고 가만히 생각해 보니 그 직원이 평소에 과장에게 친절하게 대하고 눈웃음을 쳤던 게 생각났어요. 그래서 그 사람 이야기를 믿게 됐고, 술자리에서 관련 이야기가 나와서 아는 대로 말한 게 전부예요. 간부들 단체 채팅방에 올린 신입 사원 사진도 회사 인트라넷에 다 있는 사진인데 문제가 되나요? 올린 이유야 뭐, 신입 사원 얼굴이 궁금하다는 사람이 있어서 올린 것이지요.

변호사 사무실에 꼭 피해자만 오는 것은 아니다. 피해자도 오고 가해자도 오고, 영문을 모르는 이들도 온다. 성폭력을 둘러싸고 영문을 모르겠다며 변호사를 찾는 이들의 사연 중에는 2차 가해 사건도 적지 않다. 제삼자가 행하는 2차 가해 사안의 90퍼센트 이상이 '말'로 인한 것이다. 사건 소식을 접하면서 호기심에 혹은 재미 삼아 나눈 가십은 종래에 피해자를 향한 가시가 된다. 그런데 사람들 대부분은 이런 '말'들이 피해자에 대한 2차 가해가 될 수 있다는 사실을, 더 나아가 범죄가 된다는 것을 잘 모른다.

사실 2차 가해에 관한 이야기는 피해자로부터 듣는 경우가 훨씬 더 많다. 상당수의 성폭력 피해자들이 피해 사실을 알렸든 알리지 않았든, 고소와 같은 법적 다툼을 하든 하지 않든, 실로 다양한 구설수 안에서 칼로 마음을 베이고 찔린 채 찾아온다. 피해자가 입은 본래의 성폭력 피해를 넘어, 일상을 망치는 주범은 이런 '날 선 말'이다. 피해자들 대부분이 이런 고통을 호소하는데, 피 같은 눈물을 뚝뚝 흘리는 지경이 되어서야 변호사나 사법기관을 찾아오게 된다.

이렇게 많은 피해자가 고통받고 있지만, 원 사건만으로도 대응이 힘겨워 2차 피해까지 법적 조치를 취하는 경우는 많지 않다. 더구나 구설수로 인한 가장 큰 후유증은 소위 명예훼손이라고 불리는 평판 하락이다. 다른 사람들에게 내가 어떻게 보이는지 예민할 수밖에 없는 피해자들이 이미 상처받은 상태에서 다른 사람들을 대상으로 법적 다툼에 나서기란 더더욱 어렵다. 그래서 2차 가해로 인해 고통스러워하는 대부분의 피해자들에 비해 실제 고소를 당했다며 당황해하는 사람들의 숫자는 매우 적은 편이다. 실제로 2차 가해가 있었고 그래서 고소를 당했다면, 피해자가 입었을 일상의 피해는 말로 표현하기 어려울 정도로 극심했을 확률이 크다.

하지만 정작 실생활에서 문제가 된 경우가 적으니, 2차 가해의 심각성에 대한 일반인들의 인식은 현저히 낮은 편이다. 오히려 어떻게 느끼는지는 내 자유가 아니냐며 피해자에 대한 혐오와 경계를 강화하기 일쑤다. 그러다 보니 대개 고소를 당하면 반성하기보다 "왜 내게만 시비냐"라며 억울해한다.

　　이런 고소나 신고를 당했다면 두 가지 사실을 꼭 돌아보아야 한다. 첫째, 실제 문제가 되는 말을 똑같이는 아니더라도 유사한 취지로 한 사실이 있는지다. 둘째는, 정말 피해자에게 좋지 않은 언동임을 몰랐는지를 스스로에게 물어야 한다. 실제로 고소 내용에 해당하는 행위를 했는지 확인하는 것은 중요하다. 그래야 혹시라도 하지 않은 일이면 부인을 하든, 할 만한 사정이 있었다면 변론을 하든 할 테니 말이다. 특별히 신뢰할 만한 사정이 있었거나 행위를 할 만한 정당한 사정이 있었다면, 그 경위를 밝혀야 확실히 소명할 수 있다. 피해자에 대한 명예훼손이나 비밀누설로 고소당한 대부분의 경우, 언동은 있는데 특별한 사정들을 주장하는 경우가 많다. 피해자에게 좋지 않은 언동임을 정말 몰랐다는, 즉 고의가 없다는 주장이다. 그러면서 억울함을 호소한다. 그런데 정말 피해자에게 좋지 않은 행위임을 몰랐다고 할 수 있을까?

　　우리는 너무 쉽게 상처가 될 줄 몰랐다고 말한다. 하지만 사건의 본질과 무관한 자극적인 이야기나 추측성 이야기, 피해자의 신분, 사건과 무관한 사생활 등에 대한 말들은 다른 사람들에게는 재미나 흥미가 될지 몰라도 당사자에게는 엄청난 상처가 된다. 정작 당사자 앞에서 할 수 없는 말이나, 사실관계에 대한 정보인 척하지만 출처를 정확히 밝힐 수 없는 말 안에는 피해자를 향한 칼이 들어 있다. 말의 음성이 당장은 증발되겠지만, 그 말 안에 든 칼은 증발되지 않고 사람들 안으로 스며든다. 타인의 시선을 신경 쓰고 평판에 민감한 것은 비단 피해자만이 아니라 인간의 보편적인 특성이다. 이렇듯 모두가 아는 사실을 외면하고 칼이 든 말, 독이 든 말을 뱉어내는 것은 '잘못'이다.

성폭력 피해자의 신분을 노출시키거나 명예를 훼손시킬 만한 말을 하는 것은 범죄다. 표현의 자유로 보호되지 않는다. 여러 사람에 의해 말이 돌았다고 해서 잘못이 희석되지도 않는다. 그러니 이런 일들로 고소나 신고를 당했다면 자기만 특별히 재수가 없었다고 억울해하기보다 반드시 지켜야 할 원칙이 무엇이었는지를 스스로 돌아보아야 한다. 고소를 당해 힘들다고 느껴진다면 고소에 나서기까지 자신이 피해자에게 준 고통의 크기가 훨씬 크다는 사실을 깨달아야 할 것이다. 그 지점에서야 비로소 사과도, 양산한 피해를 최소화할 방법도 찾을 수 있다. 그때 본인이 저지른 잘못에 대한 진정한 변론도 가능해질 것이다.

3장

삶의 언어로 연대하다

우리의
발화를 위하여

그런 건 없어!

A은행 지점에 계약직으로 입사했어요. 2년 후에는 이직해야 하지만, 파견회사를 통해 2년 후에 비슷한 회사로 잘 옮기려면 원만하게 회사 생활을 하는 게 중요해요. 그런데 옆팀 과장님이 탕비실 같은 데서 만나면 손가락으로 배나 옆구리를 찌르기도 하고, 회식 자리 노래방 같은 데서는 친목을 빙자해 어깨동무를 하거나 뺨에 뽀뽀를 하기도 했어요. 몸을 빼기도 하고 왜 그러냐고 말도 했지만 그때뿐이었어요. 입사 초기부터 "내가 너 뽑자고 했어"라고 얘기하기도 해서 부담도 됐고요. 늦었지만 신고하고 싶은데, 회사가 내 편을 들어줄까요?

B증권회사를 다니는 신입 사원입니다. 거래처를 관리하는 업무를 맡았는데 차장님과 거래처를 함께 방문하거나 접대하는 일들이 잦았습니다. 좋은 평가를 받고 싶었지만 뭘 해야 할지는 잘 모르겠고, 그래서 최대한 부서의 선임들이 가자는 술자리에 빠지지 않으려 노력했어요. 그런데 어느 날부터인가 차장님이 술자리가 끝나면 데려다준다고 우겨서 대리기사가 운전하는 자가용이나 택시를 같이 타게 되는 일이 많아졌어요. 차 안에서, 집 앞에서 한잔 더 하자고 우겨서 응했는데 성추행이 심해졌어요. 그러다가 어느 날 눈을 떠보니 모텔이었어요. 어찌해야 할 바를 몰라 아무 일도 없었던 척하고 지냈는데 우울증이 왔어요. 그래서 사과를 요구했는데, 같이 좋아 썸도 타고서는 왜 그러느냐고 제게 되레 화를 내더라고요. 성폭력이 아닌 걸까요?

C물류회사 말단 직원입니다. 한동안 TF팀에서 일한 후 부서로 복귀했어요. 그때 같이 일했던 결혼한 직장 선배가 다른 TF팀을 꾸릴 거라며 제게도 같이할 생각이 있는지 물어왔어요. 2년제를 졸업하고 입사해서 진급에 불리한 입장이기도 하고, 그 TF팀 업무를 하고 싶기도 했어요. 잘 보이고 싶은 마음에 저녁에 보자고 하면 만나기도 하면서 결국 그 부서로 옮기게 되었어요. 그런데 부서를 옮긴 직후부터 그

선배가 추근거리기 시작했어요. 사귀자면서 집 앞에 자꾸 찾아오고, 원하지 않는 스킨십을 시도하고, 화를 내고는 사랑해서 제어가 안 된다며 사과하고, 만나주지 않으면 자해하겠다고 겁을 줬습니다. 어떻게 해야 할지 모르겠어서 시간이 지나면 나아지려니 하며 참았는데 그게 1년이 되어가고 피해는 눈덩이처럼 불어났습니다.

각기 다른 직장의, 다른 사람들의, 다른 사건 사고 이야기다. 하지만 직장 생활을 하는 사람이라면 각각의 사연이 낯설거나 전혀 다르게 느껴지지 않을 것이다. 사람들의 직급이나 연차, 연령, 고용 형태 등이 모두 다른 직장 안에서 정보와 힘의 불균형은 당연한 현상이다. 갓 입사하여 사회생활 경험이 부족하거나, 고용이 불안정해서 주변에서 듣는 평가에 취약하거나, 직장에서 아직 튼실하게 뿌리내리지 못해 노력하는 중인 사람은, 자기가 모르는 것을 알고 있거나 갖지 못한 권한을 가진 사람 앞에서 한없이 연약해진다. 특히 사회생활 자체의 경험이 부족할수록, 내게 없는 '경험'으로 나를 압도하는 상대에게는 '나는 네 편'임을 어필하거나 사랑스러운 후배로 여겨질 만한 노력을 하게 된다.

적자생존의 정글 안에서 당연한 선택이거나 선임들

을 향해 갖는 겸손과 존경일 수도 있지만, 문제는 나쁜 상대를 만나면 그 행동이 왜곡된다는 데 있다. 존경의 표현이 연심으로 오독되고, 겸손하게 낮춘 자세는 만만함으로 오해받는다.

일도 잘하고 사회성도 좋다는 평가를 받고 싶었을 뿐인데, 내 선의가 제멋대로 오독되면서 뜻하지 않게 회사 안팎에서 성폭력을 당하게 되기도 한다. 피해가 일어나면 더 당황하게 되고, 어떻게든 문제를 크게 만들지 않기 위해 사과를 받거나 재발 방지 약속을 받으면서 끝내려 한다. 하지만 이런 노력은 되레 다음 피해로 이어지고 만다. 원만하게, 조용히 해결하고 지내려던 노력이 수포로 되돌아갔을 즈음엔, 가해자와의 관계나 사건의 성질이 잔뜩 꼬인 실타래처럼 엉망이 되어버린다. 그쯤 되면 피해를 규명하기 어려워지는 것은 물론이고 치정에 의한 복수, 금전을 노린 계획으로 몰리기 십상이다. 피해자들은 타인들의 말에 큰 상처를 받게 되고, 때로는 무고로 고소를 당하기도 한다. 대체 어디서부터 잘못된 걸까?

돌아보면, 한국에서 여자로 태어나 살아가며 받았던 칭찬은 두 가지였다. 대개 성적표와 직결된 '공부 잘한다'라는 칭찬이거나 외모나 태도에서 오는 호감을 표현하는 '예쁘다'라는 말이다. 공부를 잘한다는 말은, 특정한 성적이나 성취와 같은 객관적 사실에 대한 칭찬이다. 따라서 나의 행동이나 태도의 변화에 따라 달라지는 평가가 아니다. 반면에 '예쁘다', '상냥하다'와 같은 칭찬은, 상대방에게 어떤 상황에 어떤 태도를 취했는지에 따라 듣게 된다. 즉, 상대에게 호감을 주었을 때, 그 상황과 연동되는 칭찬이다. 아직 온전히 자리매김하지 못한 곳에서 이런 칭찬을 들으며 인정받게 될 때, 우리는 은연중에 외모든 태도든 '예쁘게' 구는 것이 유리하다는 것을 습득하게 된다. 주변에서도 이러한 학습을 독려한다. 그 결과 조직에서 여성을 평가할 때 남성의 경우와 사뭇 다른 잣대를 들이대며 은근슬쩍 상냥함을 요구하는 일이 일상다반사로 일어난다.

직장에서 일어나는 성폭력 사건의 경우에도 피해자가 그간 좋은 인상을 주거나 잘 지내고 싶어서 보인 상냥함이 되레 화살로 돌아오는 일이 많다. 원만하게 잘 지내려고, 좋은 관계를 유지하려고 가급적이면 불만을 내색하지 않고 상냥하게 지내온 피해자일수록, 사람들이 오해할까 봐 도움을 청하는 것을 더더욱 고민하게 되고, 신고 후엔 회사나 수사기관에 자신의 문제 제기를 마치 해명해야 할 일처럼 느끼게 된다.

아름다움과 상냥함은 그 자체로 긍정적인 것이다. 예뻐 보이지 않기 위해, 상냥하지 않기 위해 애써 노력할

필요는 없지만, 반대로 자기 역량을 발휘해 일해야 하는
직장에서는 예의를 잃지 않으면 그것으로 족하다. 직장에
서는 예뻐 보이거나 상냥해 보일 필요도 없다. 물론 사회
생활을 하면서 예의 바름과 상냥함을 구별하기란 쉽지 않
고, 특히 여성 직원의 '싹싹함'을 칭찬하는 주변의 시선에
영향받지 않는 것도 어려운 일이다. 하지만 마음을 가라
앉히고 곰곰이 생각해 보면 예의 바름과 상냥함을 구분하
는 기준은 그다지 어렵지 않다. 예의는 내가 주고받아야
할 이야기들을, 적절한 태도로 정확하게 전달할 때 생긴
다. 반면 상냥함은 이야기를 주고받는 과정에서 본론 위
에 얹어지는 것으로, 상대방의 기분을 살펴 기분을 좋게
만들기 위해 신경 쓰는 일이다. 일을 할 때는 적확하고 정
확하게 대화하고 그 과정이 특별히 무례하지 않으면 충분
하다. 상냥함은 동료와의 인간관계가 충분히 형성된 후로
미뤄둬도 괜찮다.

　　많은 피해자와 상담을 하며 이런저런 이야기를 나누
다 보면 "그때 알았으면 얼마나 좋았을까요"라는 말을 많
이 듣게 된다. 성폭력 피해를 안 입을 수 있었다면, 피해가
발생한 다음에라도 자기 자신에게 유리한 방향으로 조치
할 수 있었더라면, 가해자가 성폭력 피해를 입힐 만한 여
지조차 없는 관계를 만들었더라면 얼마나 좋았을까, 하는

아쉬움을 토로한다. 하지만 나쁜 사람이 나쁜 짓 하는 것을 피해자가 100퍼센트 예방할 방법은 존재하지 않는다. 애초에 가해자가 그런 사람인 탓이지, 피해자 탓이 아니기 때문이다.

　가장 중요한 것은 친밀한 관계에 기반해서 의존하는 관계를 만들지 않는 것이다. 처음엔 불편하겠지만 시간의 흐름과 노력 속에 친밀한 관계는 점차 만들어 갈 수 있으니, 상대와 '좋은 관계'로 나아가려고 애쓰지 않아도 된다. 좋은 관계라는 이유로 '그냥' 더 주는 것 따위는 존재하지 않는다. 정글 같은 사회생활에서 그런 건 없다.

디지털 성범죄는
아주 사소하게 시작된다

사귈 때도 딱히 원해서 찍은 것은 아니었다. 하지만 그는 24시간 같이 있는 게 아니니 너무 보고 싶거나 같이 있고 싶을 때만 보겠다고 우겼다. 처음엔 잠들어 있는 얼굴 사진에서 시작했는데, 점차 이불을 들춰 자고 있는 반라의 몸을 찍거나 샤워하고 나오는 불시에 셔터를 눌렀다. 그러다가 관계하는 중에 '짤' 같은 걸 찍기도 했고, 보여주기도 했다. 사랑은 영원할 것 같았고 그땐 그 사람이 더할 나위 없이 근사해 보였는데, 어느새 서로가 서로에게 기대했던 사람이 아니었음을 알게 되며 사랑도 끝났다. 그렇게 연애는 끝났지만 그의 휴대폰 속에 저장된 사진이나 영상을 지울 방법이 없었다. 지워달라는 연락을 하자, 어느 날은 답을 안

하고 어느 날은 이미 지웠다고 했다. 그토록 사적인 사진을 찍을 정도로 상대를 믿었는데, 이제는 지웠다는 그의 말을 믿을 수가 없다. 시간이 지날수록 연애의 기억은 흐려지는데 불안감은 커져만 간다.

누군가의 특별한 사연이 아니다. 상담을 하며 주기적으로 많이 받는 질문이다. 주로 10대부터 30대 초중반까지의 젊은 여성들의 고민이다. 따로 사연을 구성하지 않은 것은, 젊은 여성들에게는 이 고민이 보편적이라고 느껴질 정도로 흔하기 때문이다.

문제는 해결 방법이 요원하다는 점이다. 상대방이 이런 촬영물을 가지고 있음을 알고 있다고 해도, 강제로 삭제하거나 압수할 방법이 없다. 몰래 찍은 촬영물이거나, 그 촬영물로 협박을 하였거나, 그 촬영물을 유포한 것이 아니라면, 처벌은 고사하고 쉽게 수사 대상이 되지도 못한다. 촬영물이 범죄의 도구나 결과물이 아닌 이상, 내가 찍혀 있고 언제든 치명적으로 작용할 수 있더라도 그건 어찌할 도리가 없는, 상대방 개인의 소유물이다. 연애하면서 추억을 만든다고 생각할지도 모르지만, 엄밀히 따지자면 그것은 위험한 덫을 만드는 일이다.

가장 좋은 것은 나중에라도 찜찜할 촬영물은 찍지

않는 것이다. 언젠가 헤어질 것이 예정되어 있으니 찍지 말라는 말이 아니다. 헤어지지 않은 상태에서도 촬영물을 가지고 협박을 하거나 유포하는 종류의 피해는 얼마든지 생길 수 있다. 또, 촬영한 사람뿐만 아니라 촬영물이 저장된 기기를 분실하거나 포렌식하는 등의 경로로 제삼자가 보게 되는 경우도 비일비재하다. 이러한 촬영물이 일단 생기면, 다른 피해로 이어질 가능성이 너무나 크다.

피해를 예방하는 가장 좋은 방법은 안 찍는 것이지만, 원치 않는 상황에서 찍은 애매한 촬영물이 존재하는 경우, 그 영상물은 상대방이 몰래 찍은 것임을 문자 등으로 분명하게 표현해야 한다. 유포나 협박 등의 피해는 없지만 상대방의 휴대폰에 남아 있는 촬영물은, 이 정도의 증거가 있는 상황에서 고소 절차를 밟아야 비로소 압수해서 확인해 볼 길이 열린다.

디지털 성범죄 영역은 수사기관이나 법원에만 변화를 촉구하는 것으로는 부족하다. 고전적인 다른 범죄들은 수천 년의 인류 역사와 함께해 오며 그 기간만큼 해당 범죄에 대한 사회의 고민이 축적되어 있다. 그러나 디지털 범죄 같은 신종 범죄들은 비교적 역사가 짧다. 더구나 성범죄가 오랫동안 가해자의 시선에서 다루어져 온 만큼, 그 객관성과 형평성에 대한 고민과 변화는 여전히 치열하게 논의되고 있다. 디지털 성범죄도 범죄 성립이나 죄질의 평가, 수사 방법 등 다방면에서 고민해야 할 것들이 많다.

그러니 추억이니 사랑이니 하는 이름으로 둔갑한 영상물 촬영이 내키지 않는다면 협조할 필요 없다. 그것이 언젠가 나를 향한 칼날이 될지도 모른다. 동의하지 않은 촬영물이 있음을 알았을 때는 분명하게 의사표시를 해야 한다. 연인이 원하지 않는 일을, 장래에 연인에게 해악이 될 수 있는 일을 일방적으로 하는 것은 사랑이 아니다. 원하지 않는 촬영물을 찍는 사람, 지워달라는 것을 굳이 가지고 있는 사람, 그 사람은 당신을 사랑하고 있는 것이 아니다.

빨리 이야기하는 것이 중요하다

대학교 1학년, 불안정한데 설레는 시기. 낯설지만 잘해보고 싶은 사람들. 학과 신입생 환영회에서 술을 많이 마시게 됐 어요. 그런데 과 학생회장 선배가 환영회 자리에서부터 계 속 저를 두고 '얘, 내가 찜했다'라는 말을 해서 기분이 나빴 어요. 환영회 자리가 끝나고 집에 가려고 차를 타러 이동 하는 중에 제 입술에 돌연 뽀뽀를 했어요. 과 학생회장 선 배랑 친한 다른 여자 선배도 분명히 보고 당황하더니, 얼른 고개를 돌리더라고요. 어떻게 해야 할지 모르겠더라고요. 일단 집에 왔는데, 황당하고 속상한 건 물론이고 이제 1학 년인데 이상한 소문이 날까 봐 더 걱정됐어요. 그래서 다음 날 과 학생회장 선배랑 다른 여자 선배를 봤을 때 기억을 못 하는 척, 아무 일도 없는 척 대했어요.

그 이후 과 학생회장 선배가 자꾸 톡을 보내서 자기랑 사귀고 싶냐는 둥, 저랑 사귀고 싶다는 둥, 제 볼을 만지고 싶다는 둥의 말을 했어요. 이미 있었던 일을 모른 척해서 화를 낼 수도 없고, 혹시라도 이상한 말을 하고 다닐까 봐 걱정도 됐어요. 그래서 적당히 좋게 거절하며 몇 달째 지내오고 있어요. 학과에서 계속 제 남자친구라도 되는 것처럼 굴어서 안 되겠다 싶은 마음에 최근에 직접 말을 해봤는데, 제 말을 무시하더니 오히려 심해졌어요. 지도 교수님께 말씀드렸는데, '네가 이뻐서 그런다', '좋을 때다' 같은 말만 하시네요.

내가 학교를 다니던 시절에는 피해를 호소하는 말에 '짓궂은 장난'이란 말이 흔히 통용됐다. 작게는 머리핀을 뺏어 도망치거나, 고무줄을 끊고 달아나거나, 치마를 걷어 올리는 속칭 '아이스케키' 같은 장난질이 있었다. 심하게는 때리거나, 탈의실이나 화장실을 훔쳐보다 걸리는 일이 있었고, 싫다고 해도 계속 따라다니며 추근거리는 일들도 일어났다. 당하는 사람은 괴로운데, 어른들은 미성숙한 행위를 하는 아이의 감정을 먼저 고려했다. "너를 좋아해서 그러는 거야", "네가 예뻐서 따라다니는 거야", "좀 크면 안 그럴 거야". 미성숙한 아이가 저지르는 불쾌한 일들은 고스란히 다른 아이의 이해와 인내의 몫으로 남겨졌다.

그 시절에도 늘 의문이 들었다. 내가 예쁘다 치고, 나를 좋아해서라고 치자. 그런데 나의 예쁨이 왜 다른 사람이 내게 저지르는 폭력을 정당화시키는 이유가 되는지, 다른 사람이 나를 좋아하는 감정이 왜 폭력을 감내해야 하는 이유가 되어야 하는지 도무지 알 수 없었다. 심지어 내가 할 수 있는 일이라고는 미성숙한 타인이 성숙해져서 나를 가해하지 않을 때까지 기다리는 것뿐이라니. 그런 어른들의 말은 이해하기 어려웠다. 안타깝게도 그런 어른들은 사방에 깔려 있었다. 아무도 그 폭력으로 고통받는 사람 역시 어리다는 것을, 미성숙한 가해자의 폭력에 노출된 사람은 더 취약하고 약한 존재라는 것을 이해하지 않았다.

그렇게 자란 아이들이 어른이 된 지금은 어떨까. 그나마 다행히 오늘날의 초중고등학교에서는 앞에서와 같은 일련의 일들 대개가 폭력이라고 교육하고 있다. 또, 신고가 들어오면 조사를 해서 분리, 징계, 계도 등의 조치를 취하는 노력을 기울이고 있다.

그러나 여전히 취약한 부분들이 있다. 특히 좋아한다며 일방적인 감정을 표출하는 언동이 그러하다. 더 난감한 것은 '스무 살' 능선이다. 열아홉 살이 스무 살이 된다고 갑자기 성숙해지는 것이 아니다. 가해자도 피해자도 마찬가지다. 문제는 피해자가 스무 살을 넘긴 순간, 이전보다 현저하게 피해자를 보호하는 장막이 걷힌다는 점이다. 이 시기에는 누군가 일방적인 감정을 무리하게 표출하여 받게 되는 고통까지도 쉽게 '낭만'으로 포장된다. 더구나 어떤 경우는 상대의 구애를 거절한 후, 불편함을 넘어 불이익이나 괴롭힘으로 이어지기도 한다. 이런 일일수록 피해자가 혼자 감내하는 시간이 길어지고, 네가 예뻐 그러니 봐주라는 말을 들으며 유난스러운 사람으로 취급받는다. 이런저런 걱정 때문에 좋게 거절해 온 피해자의 노력은, 시간이 흘러 피해가 중첩되어 세상에 알려지면 '피해자 탓도 있다'라는 말이 되어 돌아온다.

　　이 사연에는 기습적으로 입을 맞췄다는 강제추행의 범죄행위가 포함되어 있다. 또 피해자가 거절을 했는데도 구애랍시고 했던 말이 반복적으로 이어졌다. 그 표현의 내용이나 빈도, 이를 거절함으로써 일상에서 생긴 불이익이 무엇이었는지 종합적으로 살펴볼 때 여타 불안감 조성 등의 범죄행위나 성희롱이라는 불법행위로 의율될 여지가 있다. 교수 등 관리 감독 책임이 있는 사람은 이런 일을 고지받으면 상부에 고지하거나, 자체적으로라도 당사자들을 분리하고 조치할 의무가 있다. 이에 대해 피해자의 신고를 만류하거나 자책하게 만드는 표현을 하는 것은 옳지 않다. 피해자가 신고한 내용, 교수가 이에 대하여 한 부적절한 표현의 수위 등에 따라 별도의 불법행위가 인정될 수도 있고, 소속 기관의 사용자책임으로까지 확장될 수 있다. 그러니 사연 속 피해자처럼 여러 피해를 입고 있다면, 자신이 당한 행위를 피해로써 규정하고 증거를 수집하는 등 노력을 기울일 필요가 있다.

특히 '너를 좋아해서 그렇다'라며 행해지는 괴롭힘에 노출된 피해자들이 꼭 알아둬야 할 것들이 있다. 첫째, 좋게 거절하는 것은 한두 번이면 족하다. 분명하게 거절했는데도 계속하여 사귀고 싶다거나 만지고 싶다는 식의 불편한 표현을 일방적으로 반복한다면, 이것은 상대를 좋아하는 마음의 발현이 아니다. 듣는 이를 위한 배려가 없는 말은 무례하다. 무례에는 배려로 답하는 것이 아니다. 한두 번 좋게 거절했는데도 반복된다면, 철저히 무시하거나 더 분명하게 거절해야 한다. 가해자가 언동을 반복하여 법적으로 혐의를 다투게 될 때는, 내가 좋게 한 거절이 발목을 잡기도 한다.

둘째, 거절은 분명한 언어로 표현해야 한다. 에두른 표현은 상대방뿐 아니라 나를 위해서도 좋지 않다. 더구나 상대방이 피해자의 말을 제멋대로 해석하고 가해하는 습성이 있는 경우에는 더욱 쉽게 피해로 이어지게 된다. 이런 때는 사법기관의 도움을 받아야 하는데, 분명하게 거절하지 않았다면 상대방이 법망을 피해 빠져나가는 구멍을 만들어 주게 된다. 호의를 거절할 때 신경 써야 할 것은 표현의 완화가 아니라 정중한 태도다.

셋째, 추행이나 폭행으로 여겨지는 등의 피해를 입었다면 당장 강한 조치에 나서지는 못하더라도 가까운 사람들에게 메일이나 문자, 채팅 등 구체적인 문언으로 이 사실을 남겨두자. 1366이나 상담소 등을 활용해 상담하고 이력을 남겨두는 것도 중요하다.

가장 중요한 것은 '나를 좋아해서 그러는 건데, 내가 너무하는 건가'와 같은 생각을 하지 않는 것이다. 나를 좋아해서 하는 행동이, 내가 불편하다는데도 계속 이어질 리가 없지 않겠나. 좋아한다는 말로 불편하고 불쾌하게 만드는 언동이 이어진다면, 좋아한다는 그 말은 마음이 아니라 포장지에 불과하다는 것을, 하는 사람도 듣는 사람도 알아야 한다.

너무 늦은 때도 없고
이미 끝난 삶도 없다

겨울이 시작되던 어느 날 아침. 출근을 해보니 낯익은 인상의 여성이 사무실에서 상담을 하기 위해 기다리고 있었다. 어디서 봤더라. 나쁜 기억력을 더듬기도 전에 그가 말을 건넸다.

"안녕하세요. 저 그때 이혼 각서 문제로 찾아왔다가….."

생각이 났다. 그해 봄이 시작될 무렵 남편과 '잘' 헤어지고 싶다며 찾아왔던 의뢰인이었다.

의뢰인은 40대 초반의 여성으로 두 아이를 키우고 있었다. 지금의 남편과는 재혼을 했다. 재혼한 지는 10년이 조금 넘었다. 첫 번째 결혼 생활은 길지 못했다. 전남편은 자상한 사람이었지만, 도박 중독이었다. 아이가 태어난 이후에도 전남편은 도박을 멈추지 못했다. 그는 아이가 돌이 되기도 전에 의뢰인과 결혼할 때 장만한 전셋집과 세간까지 다 들어먹었다. 의뢰인 앞으로 적잖은 빚마저 생겼다. 앞으로 살날이 막막했다. 전남편에게 빌다시피 애원해서 이혼을 했다.

불행한 결혼 생활을 어렵게 끝낸 의뢰인은 재혼은 생각도 하지 않았다. 아이와 먹고사는 것이 급했다. 지방자치단체의 도움으로 직업 교육을 받으며 미용 기술을 익혔다. 미용실 바닥 쓸기같이 잡다한 일을 하며 싱글맘으로 자리를 잡았다. 결혼하지 않아도 행복해질 것 같았다.

아이가 초등학교에 입학할 무렵, 지금의 남편을 만났다. 이 남자는 도박 같은 것과는 거리가 멀어 보였다. 전남편과는 달리 의뢰인에게 더 많이 집중했고, 좀 더 엄격한 것도 같았다. 그런 남자가 왠지 의지가 됐다. 곧 학교에 들어갈 아이가 한부모가정이란 편견을 받을까 걱정도 됐다. 남자는 아이를 친양자로 입양하겠다고 말하며 자신의 아이로 키울 거라고 다짐했다. 재혼이라 망설여지면서도, 한편으로는 재혼이 필요할 것 같았다.

그렇게 의뢰인은 재혼했다. 한동안은 행복한 것 같았다. 맞벌이를 하니 경제적으로도 여유가 생겼다. 그러나 이번에도 행복이 오래 가지 않았다. 어느 날 남자 손님의 머리를 감겨주던 의뢰인을 우연히 본 남편이 불같이 화를 냈다. 그런 남편이 이해가 되지 않았다. 왜 그러냐고 묻는데 갑자기 눈앞이 하얘졌다. 그날 처음으로 남편에게 맞았다.

남편은 의뢰인을 때린 날이면 유난히 다정했다. 남편은 의뢰인이 자신을 '떠날까 봐' 때린 것이라고도 했고, 의뢰인이 '화를 돋워서'라고도 했다. 의뢰인은 자신이 조심하면 남편이 바뀔 것 같았지만, 그렇지 않았다. 어떤 날은 아이가 보는 데서 맞았다. 더는 안 되겠다고 생각했을 때, 임신을 했다. 둘 사이에 아이가 태어났지만, 남편의 의처증이 호전되진 않았다. 그렇게 결혼 10년 차가 되었다.

그러다가 남편이 계속해서 사업에 실패했다. 남편의 의처증도 더 심해졌다. 의뢰인이 이혼을 간곡히 원하자, 남편은 의뢰인에게 재산을 다 포기하면 이혼을 해주겠노라 약속했다. 의뢰인은 이제 그만 전부 놓고 싶었다. 아직 젊으니 돈은 더 벌면 될 일이라 생각했다. 전남편과의 사이에서 낳은 큰아이가 받은 상처도 너무 컸다.

의뢰인은 "전 재산을 양보하겠다", "작은아이를 남편에게 주겠다", "매달 작은아이의 양육비를 지급하겠다"라는 내용의 이혼 합의서를 썼다. 그러나 남편은 쉬이 이혼 서류에 도장을 찍어주지 않았다. 결국 의뢰인은 변호사 사무실을 찾게 됐고 나를 만났다. 당시에는 남편의 의처증이나 폭력과 관계된 증거들이 부족했다.

그러나 큰아이가 진술할 수 있는 정도의 나이가 되었고, 어느 해인가 경찰에 신고를 한 적도 있었으며, 혹시나 하는 마음에 의뢰인이 받아놓은 진단서도 있었다. 의뢰인은 그저 이혼만 하면 된다고 했다. 나는 그에게 남편을 폭행과 상해로 고소하고, 이혼소송도 제기하자고 권했다. 지난봄의 이야기였다.

그러나 시간이 흐르면서 의뢰인에겐 남편에 대한 연민도 생겼고, 남편이 키울 작은아이에 대한 걱정도 생겼다. 결국 소송을 포기하고 일단은 별거나 하자고 마음을 바꿨다. 그 후 연락이 없었다. 의뢰인이 나를 다시 찾아온 건, 남편이 그때쯤 먼저 이혼 합의서를 근거로 이혼과 전 재산, 양육비 지급을 청구했기 때문이었다. 소장 사본을 들고 찾아온 의뢰인은 망연자실해 있었다.

불안해하는 의뢰인에게 이제라도 반소를 제기하고 차근차근 대처하면 된다고 다독였다. 사실 이혼 전에 쓴 '바람을 피우면 이혼하고, 전 재산을 상대방에게 준다'와 같은 부부 사이의 각서들은 소송에서 효력을 인정받기 어렵다. 따라서 재판 과정에서 법리에 따라 재산 분할을 다시 받을 수 있다. 혼인 파탄의 책임이 있는 상대방에게 위자료를 청구할 수 있음은 물론이다.

의뢰인의 경우도 남편의 의처증으로 인한 폭력이 혼인을 파탄시킨 것이니 위자료를 청구하기 충분해 보였다. 큰아이가 친양자라 하더라도 남편의 양육 의무가 사라지는 것이 아니고, 작은아이의 양육비를 일방적으로 청구할 권리가 남편에게 있는 것도 아니다. 의뢰인의 이혼소송이나 형사 고소가 처음에 불발된 것은 다소 아쉬웠다. 그러나 뒤늦게나마 권리를 찾고자 나선 것은 아이를 위해서나 의뢰인을 위해서나 바람직한 일이었다.

가정폭력을 해결하고 이혼소송을 하는 과정에서 기억해야 할 것이 있다. 바로 증거의 문제다. 대부분의 경우 가정폭력을 당하면 겁에 질리고 수치심이 들어 쉬쉬하는데, 그러면 증거가 확보되기 어렵다. 따라서 남편이 의처증을 보이거나 폭력을 휘두른다면, 당장 이혼을 하지는 않더라도 나중을 위해서 맞은 곳의 사진을 찍어둔다거나 상담 센터에 전화를 걸어 상담 흔적이라도 남겨두는 것이 좋다. 하다못해 물건을 던져 유리창을 깨는 것도 하나의 방법이다. 유리를 교체하는 과정이 증거로 남기 때문이다.

이혼 전에 쌍방이 작성한 이혼 합의서나 각서는 그 자체로는 이혼소송에서 효력을 갖기 어렵다. 더구나 배우자의 협박이나 폭력에 의해 작성하였다면, 그것은 무효의 법률행위에 해당한다. 원하지 않는데 강요받아 작성한 서류일수록 그 효력을 따져볼 필요가 있다.

호랑이에게 물려 가도 정신만 차리면 산다는 옛말이 있다. 구닥다리 같은 속담이고 뻔한 이야기지만, 예나 지금이나 통용되는 바른말이다. 늦었다고 생각한 순간 포기하지 말고 그때부터 증거를 모을 것, 별것 아니지만 내가 상처받고 있음을 보여줄 만한 증거가 무엇이 있을지 고민할 것, 강요에 의해 한 행동들이 다 불리하게만 작용될 거라고 맹신하지 말 것, 그리고 경찰이든 법원이든 변호사든 전문가와 상의할 것.

너무 늦은 때도 없고 이미 끝난 삶도 없다. 지레 포기할 때 삶도 끝난다. 이렇게는 안 되겠다고, 다시 행복해지겠다고 결심한 순간부터 삶이 다시 시작된다.

피해자의 SNS 폭로,
위험하다

같은 대학원 남자 선배로부터 강제추행과 강간을 당했다고 호소하며 한 여학생이 상담을 청해 왔다.

첫 번째 피해는 자신의 자취방에서 일어났다. 당시 학생은 논문 연구 주제를 정하면서 과중한 스트레스를 받고 있었다. 지방에서 올라와 가족과 떨어져 학교 인근에서 혼자 자취를 하고 있었고, 남자친구는 지방에서 학교를 다니고 있었다. 심신이 지쳐 있을 무렵이었다.

그나마 의지가 되는 사람들은 같은 연구실에서 생활하는 동료들이었다. 연구실에서 연구를 진행하다가 학생들끼리 늦은 저녁을 먹으러 나온 밤이었다. 이 사건 가해자인 남자 선배도 함께였다. 자연스럽게 술도 한잔하게 됐다. 가해자는 피해자를 데려다주겠다며 집 앞까지 따라 나섰다.

집 앞에 이르자 가해자가 화장실이 급하다고 했다. 화장실만 쓰겠다는 것을 거절하기 어려워 집에 들어오라고 했다. 막상 집 안에까지 들어왔는데 그냥 돌려보내기가 그랬단다. 냉장고에서 맥주를 꺼내 한 잔씩 더 마시게 됐다. 그런데 가해자가 피해자에게 불현듯 키스를 했다.

여자친구와 헤어진 지 얼마 안 됐다며, 피해자를 평소 눈여겨보았다고 귓가에 속삭였다. 피해자는 당황스러웠고, 무슨 상황인지 가늠되지 않았다. 취기도 있다 보니 멍하니 키스까지는 거부하지 않은 채 응하게 됐다. 그러자 가해자가 갑자기 피해자의 옷을 벗기기 시작했다. 이건 아니지 싶은데 말이 잘 나오지 않았다. 몸을 비틀고 양팔로 밀어내려 해보았지만 막을 수 없었다. 그렇게 원치 않던 첫 번째 성폭행이 일어났다.

이런 일이 일어난 후 6개월이 넘는 시간 동안 가해자는 연구실에서 사람들이 안 볼 때면 피해자에게 스킨십을 여러 차례 이어갔다. 그렇지만 사귀자는 말을 하거나 밖에서 따로 보자는 말을 하지는 않았다. 피해자는 자취방에서 생긴 일이 너무 당황스럽기도 한 데다가, 좁은 연구실 안에서의 관계가 나빠질까 봐 걱정도 됐다.

그러다 보니 불쾌감을 따로 표현하지도 못했다. 피해자는 오랜 시간 혼자 마음 앓이를 하다가 가해자에게 사과를 요구했다. 가해자는 '마음고생 하는 줄 몰랐다'라면서 미안하다고 말했다. 하지만 마음의 병이 깊어진 피해자는, SNS에 가해자가 미안하다고 말하는 녹취 파일과 함께 자신이 겪은 일을 적어 올렸다. 실명을 공개한 것은 아니지만, 대학원 동료 학생 다수가 친구로 설정되어 있다 보니 가해자가 누구인지가 특정돼 버렸다.

피해자는 가해자가 진지하게 사귈 마음이 없었으면서 자신을 농락했다는 것에 분노했고, 그 순간 진심으로 성관계에 동의한 것이 아니었는데도 일어나 버린 일련의 일들이 끔찍했다. 피해자가 원했던 것은 가해자의 진심 어린 사과였다. 그러나 상황이 이렇게 되자 가해자가 피해자를 대상으로 명예훼손죄로 고소하고 손해배상을 청구해 왔다. 피해자는 가해자를 맞고소하고 성폭행을 당했다고 주장했다. 가해자는 성폭행을 부인했다. 피해자를 간음한 행위에 대해서는 인정했지만, 그것은 소위 '썸'을 타는 관계에서 합의된 섹스였다고 주장했다. 만나보는 동안 여성에 대한 호감이 사라져서 자연스럽게 멀어진 것이라고 했다.

가해자는 강제로 성관계를 당했다고 주장하는 시기

전후로도 피해자와 다정한 대화를 나눠왔다며, 그간 피해자가 연구실에서 안정된 일상을 보내기 위해 상냥하게 보낸 문자메시지나 대화 등을 그 증거로 제출했다. 가해자는 사건이 발생한 지 1년이 다 된 시점에서 피해자가 본인의 연구가 잘 진행되지 않자 엉뚱하게 자신을 원망하며 과거의 사건에 대해 사과를 요구해 왔고, 당혹스러웠지만 한때 가까웠던 후배라 다독이는 차원에서 사과를 했는데, SNS에 올려 자신을 성범죄자로 호도했다고 피해자를 비난했다.

가해자가 무엇이라고 변명하든 상대방을 오해하게 만들고 불안한 마음을 이용해서 성적 만족을 추구한 것은 잘못이고, 도덕적으로 비난받아 마땅하다. 가해자와 있었던 일련의 일들이나 사건 이후 피해자가 느꼈던 감정을 고려하면, 피해자가 충분히 숙고해서 진심으로 동의한 성적 접촉들로 보이지 않는다. 일반적인 상식에 기초해 생각해 볼 때, 가해자도 그것을 몰랐을 것으로 판단되지 않는다.

하지만 그것이 형법 실무에서 강간이나 강제추행의 범죄로 성립한다고 보기는 다소 어렵다. 실무에서는 폭행 또는 협박을 성립 요건으로 하고 있고, 이는 피해자의 '명백한 거부 의사'를 전제로 한다. 피해자는 자신이 성폭행 피해를 입었고 가해자가 사과하는 녹취록이 있으니 성폭행이 인정되는 것이라 확신하고 있었다.

또 자신이 실제 피해를 입은 당사자인데도, SNS에 올린 행위가 범죄가 되거나 배상 책임이 생기는지 궁금해 했다. 학생에게 가해자를 기소하기가 어려워 보이고, 범죄 순간의 기록이 아닌 사후에 대화한 녹취나 녹취록은 간접증거라 가해자가 대화의 취지를 적극적으로 부인하면 그 자체로 성폭행 범죄 혐의를 입증하는 증명력을 갖기는 어렵다고 설명했다. 당황하고 절망한 피해자는 내 설명을 받아들이지 못했다. 사후 대화 녹취록 외에 다른 증거가 없는 상황에서 양자의 주장이 첨예하게 대립할 때, 녹취 안에 범죄행위를 추단할 수 있는 구체적인 행위에 대한 진술이 들어 있지 않으면 종종 발생하는 상황이라는 말도 덧붙였다. 안타깝게도 현재는 성폭행 범죄 고소 건의 기소 여부보다, 정보 통신망상에서의 명예훼손으로 피소되고 제소된 건은 인정될 것으로 보이니 지금은 그 문제의 해결을 고민해야 하는 상황이라고 알려주었다.

피해자가 가해자를 강간 및 강제추행으로 고소했던 사건은 결국 불기소로 끝났다. 이런저런 과정을 거치면서 피해자는 더 깊은 상처를 입었다. 피해자는 그럼 자기가 가해자가 주장하는 그런 여자가 되는 것이냐며 눈물을 흘렸다. 피해를 말한 것이 왜 도리어 범죄가 돼서 재판을 받아야 하는지 모르겠다며 울분을 터뜨렸다.

불기소가 된다고, 범죄가 아니라고 해서, 피해자가 이를 원했다거나 피해를 유발한 것은 아니다. 다만 범죄행위로서의 성폭행 개념을 분명하게 알지 못하면, 성적 자기결정권의 주체로서 피해자가 행한 의사표시가 법적으로 인정받지 못하는 경우가 종종 생긴다. 이러한 상황이 피해자를 몹시 힘들게 한다.

사후 녹취 파일이 갖는 증명력을 너무 과신해서는 안 된다. 녹취를 할 때는 자신에게 좀 더 유리하게 작용할 수 있도록 대화를 이끌어 나가야 한다. 특히 고소 등 합법적 조치를 취하지 않은 상황에서 SNS에 우선 폭로부터 하는 것은 피해자에게 여러 가지 위험을 초래한다. 가해자의 명예가 실제로 훼손되었는지 그것이 합당한 것이었는지 등의 여부를 떠나, 우선 이러한 행위 자체가 범죄로 성립하기 때문에 이런저런 책임이 따른다. 후속 조치로 피해 사실을 고소해 향후 기소가 되더라도, 가해자가 입은 피해가 가해자가 받아야 할 처벌의 양형에 반영되기도 한다.

당장 가해자에게 망신은 줄 수 있을지 몰라도, 가해자가 받을 타격은 일시적이다. 피해자는 홀로 다시 지난한 고초를 겪어야 한다. 가해자를 단죄하는 것도 중요하

지만, 피해자가 더 이상의 피해로 고통받지 않기 위해서
는 그 과정에 있어서 노력과 인내가 필요하다는 것을, 피
해자도 주변인도 기억해야 한다.

제 몸을 만지던 장면과
느낌만 강렬하게 떠올라요

전날 술을 마시던 때까지, 상대방은 진로 상담을 해주겠다고 자처하고 나선 자상한 팀장이었다. 기억하기로는 술자리도 비교적 유쾌했다. 하지만 어느 순간부터 기억이 나지 않았다. 눈을 떠보니 낯선 모텔 방 안에 혼자 속옷 차림으로 잠들어 있었다. 이게 무슨 일일까. 부랴부랴 집으로 돌아와 기억을 더듬어 보니, 누군가 나를 부둥켜안고 있었고 그게 싫어서 뿌리치려고 몸부림을 쳤던 장면과 느낌이 떠올랐다. 술에 잔뜩 취한 상대방을 대상으로 하는 성추행이거나, 나도 모르는 사이에 원치 않는 강음을 당했을지도 모르겠다는 생각이 들었다. 그러고 보니 넘어졌는지 무릎에도 멍이 들어 있었다. 샤워를 하지 말았어야 했는데, 하고 후회했다. 어떻게 모텔 방까지 들어갔는지 알고 싶어 CCTV를 보여달라고 했는데, 모텔에서는 경찰에 신고해야 보여줄 수 있다며 보여주지 않았다. 범인은 십중팔구 전날 술자리를 함께한 팀장일 가능성이 컸다. 확인을 위해 모텔에서 숙박료를 결제한 카드전표를 받아왔다. 회사에 출근해 경비 처리 영수증을 확인해 보니 팀장의 카드가 맞았다. 팀장에게 사내 메신저를 보내 어떻게 그럴 수 있느냐고 항의했다. 팀장은 뻔뻔하게 술 취한 직원을 챙겨줬을 뿐이라며 발뺌을 했다. 더 화가 났고, 고소하기로 결심했다.

직장 밖에서 직장 상사로부터 성범죄 피해를 입는 사건들 대부분에는 '술'이 등장한다. 음주를 빙자한 성범죄 중 상당수는 피해자의 만취 상태를 악용한 사건들이다. 그런데 범죄가 성립되는 데 있어서 피해자의 만취 상태란, 피해자 입장에서 기억이 나는지에 따른 것이 아니라 가해자를 비롯한 제삼자가 보았을 때 인사불성인 수준을 말한다. 문제는 피해자가 사건 당시 만취한 경우 기억이 온전하지 못한 경우가 많다는 것이다. DNA 검출이나 CCTV 영상 등 객관적 증거들이 남아 있다면 괜찮겠지만, 피해자가 피해 장면 일부만 기억하는 사건들에서는 피해자의 진술이 오해되거나, 불충분하여 불이익을 감수할 수밖에 없는 경우가 많다.

　이런 사건 사고의 사례는 정말 많고 다양하다. 이번에는 준강간 또는 준강제추행의 사례가 아니라, 만취로 인하여 본의 아니게 무고를 의심받게 되는 사건에 대해 이야기를 해보려 한다.

　피해자가 인사불성이 될 정도로 술을 많이 마신 경우, 기억이 온전하지 못한 것은 당연하다. 온전하지 않은 기억 속에서 잠에서 깨어나 혼자 눈을 뜨면, 안전하게 집에 돌아온 것인지 누군가로부터 성범죄 피해를 입은 것인지 혼자만의 힘으로는 알 방법이 없다. 특히나 눈을 뜬 장소가 낯선 곳이면 불안감은 더욱 커진다. 정신을 차려보니 집이었어도, 전날 누군가 몸을 만지거나 어딘가로 데려가려 했던 기억이 나면 불안해질 테다. 전날 술자리를 함께한 상대방에게 무슨 일이 있었는지를 물어 안전하게 귀가한 거라는 답을 들어도 불안하긴 매한가지다. 차라리 성관계의 흔적을 확인할 수 있거나 기억이 있는 경우는, 최소한 불안감은 덜할 수 있다. 추행을 당한 것 같은데 그 상황이 불완전한 기억의 편린 정도로 남았을 때, 신고하기도 망설여지지만 신고를 안 하기도 찝찝하다.

　그렇게 신고나 고소가 된 사건들 가운데 피해 사실이 명확하게 확인되지 못하는 경우가 종종 있다. 그런데 문제는 성폭력이 아니라는 사실이 명확하게 확인되는 경우다. 특히 고소한 이의 기억과 실제 상황이 매우 다르다는 것이 객관적인 증거를 통해 확인되면, 상대방이 악감정을 갖고 무고로 역고소를 하는 경우가 생기기도 하는데, 이 경우는 무척 난감해진다.

앞 사례의 경우 모텔 CCTV를 확인한 결과, 사례자가 팀장의 팔짱을 끼고 들어와 엘리베이터로 이동한 장면과, 이후 팀장이 모텔 복도를 따라 방으로 이동하고 방에서 다시 혼자 나오는 장면이 담겨 있었다. 그런데 그 간격이 3분 이내였다. 팀장이 방에서 머문 시간은 추행을 했다고 보기에는 너무 짧은 시간이었다. 또, 모텔 내부 CCTV에서는 사례자가 많이 비틀거리지 않지만, 모텔까지 걸어오는 노상에서는 꽤 심하게 비틀거렸고, 팀장이 사례자의 어깨를 꽉 안는 방식으로 부축하여 이동했다. 그 과정에서 사례자가 넘어지기도 했고, 팀장이 일으켜 세우는 와중에 사례자가 뿌리치기도 했다. 사례자가 기억하는 것이 '누군가 부둥켜안고 있었고, 그게 싫어서 뿌리치려고 몸부림을 쳤던 장면과 느낌'이었는데, 모텔 외부 노상에서 이와 유사한 장면이 포착된 것이다. 모텔 방 안을 찍은 영상은 없으니 실제 안에서 추행이 없었다고 100퍼센트 단정하긴 어렵겠지만, 팀장이 그를 방 안에 앉혀두고 바로 나왔을 것으로 미루어 판단되는 상황이었다.

이런 사건이 무고로 역고소를 당하면, 특히 성범죄로 고소를 한 피해자가 진술한 내용과 당시 음주 상태가 사뭇 다르다는 게 확인된 경우, 수사기관이 피해자가 정말 기억을 못 하여 고소를 한 것이라고 쉽게 판단을 내리지 않는다. 이렇게 되면 그러잖아도 성범죄 피해를 입었을 것이라 생각하며 스트레스가 컸을 텐데, 불시에 무고 피의자가 돼서 마음고생이 적지 않다.

의심스러운데도 고소를 하지 말라는 것이 아니다. 만약 전날 만취하여 낯선 곳에서 눈을 떴는데 성범죄 피해가 의심된다면, 우선은 씻지 말고 해바라기센터나 산부인과를 찾아 전날의 상황을 자세히 말하고 검진하는 것이 필요하다. 모텔 등에서 CCTV를 복사해 달라고 하면 거절당하기 쉬우니, 해당 시간대만 볼 수 있게 해달라고 요청하는 것이 중요하다. 기억을 잘 더듬어 보는 것은 기본이다. 다만 술이 덜 깬 상태에서 수사기관에서 진술하는 것은 추천하지 않는다. 일어난 직후, 해당 장소의 상태를 핸드폰으로 찍어놓는 것도 필요하다. 고소하기 전에 당사자가 점검해 볼 수 있는 것들을 사전에 꼼꼼히 점검하는 것은 피해를 입증하는 데 있어서 아주 기본적이고 중요한 절차다.

함께 발견해 나가는 진실

직장 내에서 공공연히 이루어지는 성희롱이나, 이를 대수롭지 않게 처리하는 내부 관행에 대한 이야기로 사회가 뜨겁다. 하지만 도화선이 된 특정 사건들의 내막이나 시시비비를 떠나, 사회가 함께 고민하면 긍정적인 방향의 담론을 가져오기도 한다. 성희롱을 고지받은 후 공공기관이 어떻게 대처할지에 대한 정책안이 나올 정도로, 진지한 고민의 힘은 세다.

얼마 전 맡았던 사건에서도 피해자가 다니던 학교 내부 구성원들의 응원과 관심을 느낄 수 있었다. 술에 취한 남성이 야간에 여대 건물에 들어가 여학생을 뒤에서 안고 도망가다가 이를 저지당하자 피해자를 발로 찬 형사사건이었다. 재판이 열리는 날이면 사건이 발생한 학교 학생들로 법정 안이 꽉 찰 정도였다.

재판은 실체적 진실을 '발견'해 가는 과정이다. 형사 피고인에게는 무죄 추정의 원칙이 적용된다. 피고인이 자신을 변론할 권리 역시 최대한 존중받아야 한다. 진실을 발견하는 과정에서 잘못이 확인되면 형법에 근거해 죄에 맞는 처벌을 받으면 된다.

피고인의 변호사와 피해자의 변호사는 각자의 입장에서 쟁점이 될 만한 사실관계에 대해 문제를 제기하고 확인한다. 피고인의 변호사 입장에서는 형량을 조금이라도 덜 여지가 있는 부분을 따져 묻고, 피해자의 변호사는 그렇지 않다는 주장을 강하게 내세워야 한다. 판사는 이를 토대로 실체적 진실이 무엇인지 판단한다. 이 과정에서 재판부가 양측 변호인 또는 증인에게 필요한 것을 묻거나 확인한다. 판사의 권한이자 의무다. 안타깝게도 앞서 말한 형사사건에서는 '재판부가 피고인 편을 든다'라는 오해가 생겼다. 언론에 기사가 났고 법정 밖은 더 시끄러워졌다. 언론에 기사가 난 뒤 열린 재판은, 법정 밖으로 학생들이 줄을 길게 설 만큼 관심이 더해져 그 열기가 무척 뜨거웠다.

재판이 시작되고 갑자기 재판부가 양쪽 변호인에게

재판 진행에 대한 의견을 밝혀달라고 했다. 재판 과정을 두고 언론과 여론에서 부정적인 목소리를 많이 냈기 때문에 이를 의식한 듯했다. 무작정 재판부를 이해한다는 말도, 학생들의 의견만 전하는 것도 옳지 않아 보였다. 자칫 어느 한쪽 혹은 양쪽에 오해와 상처를 남길 수 있었다. 그 법정 안에서 나는 내 의견을 통해 모두가 한 번쯤 자신을 돌아볼 수 있는 기회로 삼고 싶었다. 이 상황 또한 학생들에게 설명하고 싶었다. "재판에서 나온 발언들이 각자의 역할을 넘어 '실체적 진실 발견'이란 목적과 무관하고 무리한 것이었는지 신중하게 생각해 보자"라고, "재판 과정을 모두 지켜보고 난 다음에 판단해도 되지 않겠느냐"라고 말했다. 마침 그날은 피해자가 증인으로 나오는 날이었다. "피해자 처지에서 다소 불편한 질문들이 나오더라도 피해자가 자신의 입장에서 잘 설명할 수 있도록 마음으로 응원을 보내달라"라고 학생들에게 부탁했다. 재판부에도 지금의 이런 여러 오해나 불신이 어디서 시작되었는지 그 바탕을 살펴봐야 한다고 말했다. 이 사건의 피해자는 한 명이지만, 학교 구성원 모두가 주거침입의 피해자이자, 추행이나 폭행의 잠정적 피해자일 수 있는 사건임을 강조했다. 특히 그간 우리 사회가 이런 사건에 미온적으로 대처해 오며 불안을 갖게 된 점 또한 기억해 달라고 호소했다.

재판이 끝나고 며칠 후 피해자가 긴 편지를 보내왔다. 학생들이 내부 게시판에 '고마워한다', '많이 배웠다'라는 내용의 글을 올렸다고 전해 왔다. '피해자가 하는 말이니 무조건 믿어라'가 아니라 '피해자의 말에 귀 기울이며 실체적 진실을 발견하는 법정의 상황을 이해하는 법을, 그속에서 피해자로서, 주변인으로서 대응하고 노력할 지점이 무엇인지를 배웠다'라는 말에 뭉클한 소회가 밀려왔다. 나 역시 '함께하는 법정의 온도'를 느끼게 해줘서, 그 사건의 한복판에 그들과 함께 서 있어서 영광이었다.

'오늘'이
가장 빠른 날이다

한 중년 여성이 찾아왔다. 마음고생 한 흔적이 역력한 얼굴에, 망설임이 가득했다. 조심스럽게 딸의 이야기를 시작했다. 빠듯한 살림에 맞벌이를 하느라 딸에게 신경을 많이 쓰지 못했다는 말을 먼저 전했다. 딸은 서울에 있는 대학에 가고 싶어 했고 수험 생활을 직접 뒷바라지하기 어려워 친척 집에 맡겼다. 친척 집에서 고등학교를 다닌 딸은 거리가 꽤 떨어진 대학으로 진학한 뒤 학교 기숙사에서 지내겠다면서 친척 집을 나왔다. 딸이 대학을 졸업할 무렵이 돼서야 친척에게 심각한 성폭력을 당했음을 알게 되었다. 청천벽력 같은 이야기였고, 화가 나서 견딜 수가 없었다. 하지만 고등학생인 딸을 의탁하기도 했었고 금전적으로 신세를 진 일이 적지 않다 보니 당장 뭘 할 수가 없었다. 엄마가 어찌할 바를 모르고 망설이는 사이에 딸은 엄마에게 크게 상처입고 실망했다. 모녀 관계마저 소원해졌다. 이대로 두고 볼 수만은 없어서 딸을 붙잡고 차라리 고소하자고 말했던 날, 분을 참지 못하고 가해자에게도 전화해 화를 냈다. 그런데 그날 이후 주변 친인척들이 찾아와 고소를 만류하기 시작했다. 나이 어린 딸에게 직접 위협적인 말을 하는 이도 있었다. 어떻게 해야 할지, 이대로 고소해도 괜찮을지 몰라 찾아왔다고 말했다.

아동·청소년 시절 친인척이나 선생님같이 보호자로 여겨지는 성인으로부터 성폭력 피해를 입은 경우, 피해 사실을 바로 부모에게 말하지 못하는 경우가 꽤 많다. 이유는 여러 가지겠지만, 부모가 입을 상처에 대한 걱정과 못된 가해자가 만든 두려움과 자책의 프레임이 원인인 경우가 많다. 이 사건은 그 두 가지가 모두 작용했던 것 같았다. 고등학생이었던 피해자에게, 가해자는 여느 친척 어른 중 한 명이 아니라 실질적인 보호자였다. 가해자는 피해자에게 이것저것 알려준다는 핑계로 몸을 밀착시킨다거나, 점검 등을 빙자하여 스스로 탈의하도록 만들거나, 이런저런 이유를 대며 피해자로 하여금 가해자의 신체 일부를 만지도록 했다. 그럴 때마다 가해자는 자신의 행동을 합리화

하는 이유를 늘어놓았고, 피해지기 한 행동임을 각인시켰
다. 가해자는 자신이 피해자의 부모에게 얼마나 도움이 되
는 사람인지를 자주 이야기했다. 성폭력을 저지른 날에는
피해자에게 돈을 쥐어줬다. 얼결에 한두 번 받아 든 돈은
자책과 부끄러움의 씨앗이 되었다. 피해가 몇 번 반복된
후로, 피해자는 신고하긴 늦었다거나 신고해도 소용없다
고 포기했던 것 같다.

　　이 사연에서만 나타나는 특별한 사정이 아니다. 가
해자와 피해자의 관계, 성폭력의 내용, 얼마나 피해가 지
속되었는지 등 구체적인 내용은 다를 수 있지만, 성폭력
발생 경위나 피해자가 이를 바로 알리지 못하게 되는 과정
은 대개 비슷하다. 그런데 뒤늦게 억울함을 소명하려고 보
면, 그나마 있던 증거들마저도 없어진 경우가 태반이다.
시간이 흐를수록, 피해 당시 피해자의 나이가 어릴수록 피
해자의 기억도 흐릿해져 있기 마련이다. 결국 수사에서도
어려움을 빚는다. 이러한 상황은 피해자나 피해자의 가족
이 문제 제기를 결심하는 단계에서 지레 포기하게 만드는
걸림돌로 작동한다.

　　피해자가 아동·청소년 시절 보호자 지위의 성인으
로부터 성폭력 피해를 입고도 부모에게 바로 말하지 못하
는 사건들 상당수는, 피해자의 부모가 취약한 지위에 있는

경우가 많다. 뒤늦게 피해자로부터 피해 사실을 전해 들었는데 그 피해가 지속되고 있지는 않다면, 피해자의 부모 중 상당수가 분노한 것과는 또 다르게 실제 법적 조치를 하는 것은 망설인다. 여기에는 가해자에게 사회경제적으로 의존하고 있는지, 가해자와 직접적인 혈연관계인지와 같은 이해관계가 결부된다.

문제는 피해자가 이런 망설임을 지켜보며 크나큰 상처를 받는다는 것이다. 이런 망설임은 고소를 저해하게 하거나, 자칫 가해자에게 정보를 주어 대비하게 만드는 일로 이어지기도 한다. 그러나 남은 시간 중 가장 빠르게 대응하고 조치할 수 있는 날이 바로 '오늘'이다. 살아가야 할 날들 중 피해자의 기억이 가장 온전한 날도 '오늘'이다. 오래된 기억의 조각들을 맞춰줄 증거로 무엇이 남아 있을지는, 수사해 보지 않는 이상 알 수 없다. 그러니 오늘은 너무 늦은 날이 아니라, 가장 빠른 날이다.

어린 나이에 열악한 상황에서 친족 성폭력 피해를 입은 피해자들은, 피해 사실을 바로 알리지 못한 채 혼자 끌어안고 성장한다. 치유되지 못한 채로 성장한 대다수의 피해자들은 우울감과 무기력함 속에서 살아간다. 뒤늦게 고소를 결정해 수사에 차질이 생기는 것이 실체적 진실 규명과 관련된 어려움이라면, 부모가 고소를 망설이는 모습은 이물지 않은 상처 위에 또 다른 파질을 뒷대는 일이나.
피해자는 부모에 대해서도 신뢰를 잃게 되는 것이다.

    아무 일도 없었다면 더 행복했을 것이다. 하지만 '아
무것도 몰랐다'라고 해서 피해자가 겪은 일을 없던 일로
만들 수는 없다. 아무것도 몰라 누렸던 안온함은, 무거운
짐을 홀로 떠안고 있던 피해자에게 빚진 것이다. 문제를
말하고 권리를 되찾는 일은, 같이 불행해지는 것이 아니
라 함께 상황을 해결해 가면서 조금씩 행복해질 수 있는
시작점에 같이 서는 일이다. 너무 늦은 때라는 것은 없다.
가해자에 대한 처벌 여부보다 피해자의 회복이 더 중요하
고, 무엇을 할 수 있느냐보다 무엇이든 하는 것이 더 중요
하다.

그들의 용기로부터
다시 배운다

저는 대학에 진학해 서울에 오기 전까지 지방 소도시에서 살았습니다. 고등학교 재학 중 온라인으로 강의를 듣게 되었는데, 만나본 적도 없는 강사가 사랑한다느니 사귀자느니 하며 집요하게 수작을 부렸습니다. 아버지나 삼촌 또래의 남자였는데, 고등학생인 제게 이런 말을 하면서도 이것이 폭력이고 잘못된 일이란 생각을 전혀 하지 않는 것 같았습니다. 넉넉하지 않은 형편에 10만 원이 넘는 강의료를 낸지 얼마 되지 않았다 보니, 어떻게든 돈을 낸 만큼만이라도 강의를 듣고 마무리를 하고 싶었어요. 그래서 완곡하게 거절도 해보고, 신고하겠다고 강경하게 말도 해봤지만 소용이 없었습니다. 그 한 달은 지옥이었습니다. 그렇게 시간이 지난 후, 그 강사에게 비슷한 일을 당한 사람들이 많다는 것을 알게 되었습니다. 하지만 이조차도 말하지 못한 피해자는 훨씬 더 많을 것입니다. 그래서 저도 제 피해를 이야기하기로 했습니다. 그때만 해도 가해자가 버젓이 남아 있는 SNS 기록들이 있는데 온라인에서 긴 시간 저의 실명을 거론하며 거짓말쟁이로 몰 거라고는 생각도 못 했습니다. 뻔뻔하게 자기가 명예훼손을 당한 피해자라는 소송을 먼저 걸어올 줄은 몰랐습니다. 하지만 후회하지 않습니다.

피고는 학창 시절 입은 성희롱 피해에 대해 '미투'를 한 후, 거센 후폭풍을 맞았다. 자신의 이름도 가해자의 이름도 익명으로 한 미투였지만, 가해자는 단박에 자신임을 알았다. 그 직후에 가해자는 피해자에게 연락해 무릎을 꿇고 사죄하겠다며 실명을 밝히지 말아달라고 간청했다. 짧지 않은 시간 이어진 가해자의 각종 사과와 부탁 끝에 피해자가 반복적으로 말한 답변은 단 하나였다. 연락하지 말아달라, 연락처도 지워달라. 하지만 그 바람은 이루어지지 않았다. 이후 수년간 가해자는 피해자의 신상 정보를 노출하며 피해자가 거짓 미투를 했다고 주장했다. 종래에는 자신이 명예훼손 피해를 입었으니 수천만 원을 배상하라며 민사소송을 걸어왔다. 피해자는 어렸고, 가난했고, 정보와 경험이 부족했다. 가해자가 자신의 연락처를 지우기 바랐던 피해자는, 가해자로부터 마지막 연락을 받은 이후 화도 나고 기분도 나빠서 SNS 대화방에서 나와버렸다. 가장 중요한 증거가 소멸된 것이다. 피해자는 성희롱을 넘어, 온라인에서 실명과 신상 정보가 공개된 채 '무고녀'라는 오명을 뒤집어쓰면서도 속수무책으로 당할 수밖에 없는 상황에 처해 있었다.

반전은 엉뚱한 데서 일어났다. 가해자가 제삼자와 벌인 소송에서 제출한 증거에 피해자와 나눈 SNS 대화 전문이 있었다. 피해자가 그 소송이 있다는 사실을 알게 되었을 때는 이미 해당 소송은 2심 중에 있었는데, 피해자가 참고인으로나마 자신에게 일어난 일을 소명해 볼 기회도 없이 조정으로 끝났다. 그래도 그 과정에서 피해자는 가해자와 나눈 SNS 대화 전문을 입수하게 되었다.

하지만 이후로도 피해자는 할 수 있는 일이 없었다. 서울에 올라와 학교를 다니며 아르바이트를 하는 입장에서, 고소할 엄두가 나지 않았고 비용도 감당되지 않았다. 그렇게 억울하게 온라인상에서 명예훼손 피해를 감내하며 지내오던 어느 날, 고향 집에서 연락이 왔다. 수천만 원의 손해배상을 구하는 소장이 날아왔다는 전언이었다. 막막했다. 그 마음을 담아 글을 썼는데, 가해자를 주시하던 동종업계 여성들이 십시일반 돈을 모았다. 이런 우여곡절 끝에 내가 피해자 변호사로 선임되었다. 사법기관이 피해자를 보호해 주지 않았던 시간, 그러나 다행히 사회에는 지켜보고 도와주는 사람들이 있었다.

　이런 다툼들을 맡다보면, 단일하게 딱 떨어지는 사건은 거의 없다. 미성년자나 을의 입장에 처한 피해자들이 처음 피해를 맞닥뜨린 후 어떤 식으로든 그 피해에서 벗어나기까지는 시간이 걸리고, 그사이에는 여러 우여곡절이 있다. 대개의 피해자들은 참기 어려운 수준의 가해가 발생하기 전까시는 가해자의 무례에 가능한 좋게 대처하려고 노력한다. 그러나 대부분의 경우 이런 노력은 별반 효과를 거두지 못한다. 결국 극단의 가해가 이루어지거나, 피해자가 고소를 결단하면서 파국을 맞는다.

　문제는 피해자가 가해자를 밀어내고 손해를 다투는 데 있어서 피해자들이 했던 노력이 도리어 문제의 해결을 어렵게 만들거나 더디게 만드는 경우가 많다는 것이다. 가해자들은 이런 노력들을 살뜰히 악용하기도 한다. 이 사건의 가해자도 어린 피해자가 거부 의사를 표현하면서도 수업을 계속 듣기 위해 과감하게 단절하지 못한 것을 두고, 사귄 관계라며 궤변을 펼쳤다. 그러면서 온라인 수업 기간 동안 자주 SNS를 통해 대화를 나누었는데, 사귀는 관계가 아니라면 왜 대화를 나눴겠느냐고 주장했다. 그 순간 피해자를 위해 모금에 동참하고 재판 방청을 온 여성들의 입에서 탄식 섞인 숨소리가 새어 나왔다.

그때 변호사의 입장에 있는 나는 여러 감정을 느끼게 된다. 재판은, 판결은, 다 끝날 때까지 어떻게 될지 모른다. 사실관계가 중요하지만, 그 사실관계가 현재의 법리와 어떻게 맞물려 돌아가는지도 중요하다. 오랜 시간 당해선 안 될 일을 잔뜩 겪고 겨우 시작된 민사재판이었다. 그러다 보니 변호사로서는 아슬아슬한 마음이 컸다. 과거 SNS를 통해 가해자와 대화를 나누던 피해자가 좀 더 빨리 과감하게 문제를 제기하지 못했던 것이나, 명백한 증거를 지워버리고 고소 대신 온라인 게시 글을 올린 것이 안타깝기도 했다. 화가 났겠지, 가해자를 혼내주고도 싶었겠지, 그래도 그러니까 오히려 고소를 먼저 했어야지, 같은 마음이 들었다. 그래서 당사자신문의 주신문에서도 하지 않았던 질문을, 반대 신문에서 물었다. 처음 폭로 글을 쓴 이유 말이다.

피해자가 그 질문에 대답했다. "그 강사에게 비슷한 일을 당한 사람들이 많다는 것을 알게 되었습니다. 하지만 이조차도 말하지 못한 피해자는 훨씬 더 많을 것입니다. 그래서 저도 제 피해를 이야기하기로 하였습니다. 힘든 상황을 겪었지만, 후회하지 않습니다."

예상한 대답이었는데, 순간 당황스러움이 밀려왔다. 피해자뿐 아니라 나 자신을 향한 어떤 부끄러움의 감정이었다. 긴 시간 당사자보다는 제삼자로서 달려오면서, 성폭력 피해자들이 자신의 피해를 이야기하는 마음이 어떠한지에 대해 나도 모르게 편협하게 생각하던 부분이 있던 것이다. 힘들고 억울해서, 화가 나서, 가해자가 곤란해지라고 피해자가 폭로한 거라고 생각하고 있었는데, 아니었다. 미투 본연의 취지를 가장 잘 이해하고 있는 사람들은 피해자들이었다.

'미투'란 말 그대로 스스로 경험한 피해에 기초하여 타인이 입은 상처에 공감해 주고 자신과 같은 피해자가 생기지 않도록 연대하겠다는 의지를 뜻하는 말이다. 법정에서 여러 당황스러운 질문을 들을 때마다 감정을 고스란히 드러내면서도 자신의 피해를 구체적으로 진술하던 모습과, 피해 직후 각종 미투가 쏟아져 나올 때 자신의 피해를 한 글자 한 글자 또박또박 전했던 당시 피해자의 심경을 들으며, 그 당시의 피해자에게도 지금의 피해자에게도 고개를 숙일 수밖에 없었다. 그런 마음들 옆에 서 있으면서도 나 역시 내 마음대로 피해자의 마음을 왜곡해서 바라본 것이 부끄러웠다.

피해자를 돕는 입장에서, 피해자들이 벌이는 전쟁의 한복판에서, 나는 늘 피해자로부터 배운다. 이번 사건을 통해서는 피해자들의 문제 제기와 입장에 공감하고 피해자들을 지원하는 일을 하게 되었던 '초심'을 돌아보게 되었다. 날씨가 유독 좋았던 봄날의 오후, 그 시골 법정에서 나는 또 배웠다.

조용히 내미는 손들이
서로를 지킨다

집도의가 수술실에서 제 가슴을 터치하는 일이 반복됐습니다. 팔꿈치로 제 가슴을 누르던 때, 집도의는 "가슴 정도는 괜찮지?"라는 말로 상황을 끝냈습니다. 그 말을 들은 것은 외부 세미나가 끝나고 있었던 식사 자리에서였습니다. 세미나가 끝나고 집도의가 식사를 하고 헤어지자고 했습니다. 그 자리에서 집도의는 아내가 미국에 가서 집이 비었다며 함께 가자고 했고 "가족끼리 키스 정도는 괜찮잖아"라고 말했습니다. 당황해서 대꾸도 제대로 못 하던 제게, 집도의가 제 가슴을 바라보며 "가슴 정도는 괜찮지?"라고 말했습니다. 수술실에서 계속 일어났던 불편함의 실체를 알게 된 순간이었습니다. 병원 측에 말을 했지만, 집도의에게는 감봉 정도의 가벼운 처벌이 내려졌고, 그걸로 끝이었습니다. 그나마도 신고한 지 1년이 지나서 내려진 처분이었습니다. 그사이 분리 조치가 제대로 이루어지지 않은 병원 생활은 고통스러웠습니다. 1년 사이에 저는 네 번이나 부서를 이동해야 했습니다. 결국 노조에 이야기했습니다. 노조에서는 가해자 실명을 써서 여러 차례 대자보를 붙였습니다. 그사이에도 병원은 조사와 징계를 미루고 꾸물거렸습니다. 대자보가 붙고 직원들의 동요가 커지자 병원은 서둘러 징계 절차를 마무리했고, 집도의를 감봉 1개월에 처하며 중징계를 내렸다고 했습니다. 병원도 노조도 징계를 했으니 문제가 해결됐다고 했습니다. 그렇지만 이렇게 솜방망이 징계가 이루어지고, 그마저도 늦어지며 무분별한 대자보가 붙는 동안, 병원 안에서는 제가 파인 옷을 입었다, 집도의에게 꼬리를 쳤다는 등의 온갖 루머가 난무했습니다. 신고를 후회하진 않지만, 이런 삶을 계속 살 수가 없어 퇴직하고 민사소송을 제기했습니다.

한 대학병원에서 오랜 시간 근무했다가 퇴사한 Y의 이야기다. Y는 병원을 다니며 직장 내 성희롱을 겪었고 이후 가해자와 병원을 상대로 민사소송을 제기했다. Y는 수술실에서 황당한 피해를 입었던 때 직장 내 성희롱 피해 신고를 했고, 이후 긴 법적 다툼을 벌이며 많은 일을 경험하고 목격했다. 아이러니하게도 그중 가장 쉽고 비교적 단순하게 받아들일 수 있었던 일이 직접적인 성희롱 피해였다. Y는 피해 사건 처리가 길어지자 심한 마음고생을 겪었고, 여러 부서를 전전해야 했다. 이후 노조가 무책임한 공론화를 진행하면서 심각한 루머에 시달렸다. 결국 Y는 퇴사했다. 그 사건에 대해 민사 법원이 내린 병원의 책임은 위자료 500만 원이었다. 이 일은 우리 사법부가 직장 내 성희롱에 얼마나 둔감한지를 보여주는 전형적인 사례다.

병원의 책임이 제대로 규명되지 못한 것은 해당 병원의 간호사 노조와 유관 단체의 노골적인 방조 때문이었다. 간호사 노조의 간부들은 법원의 증인 소환을 거부했고, 간호사 유관 단체는 의사 단체가 보낸 것보다도 형식적인 답변서를 보내왔다. 보호 단체로부터 실질적인 보호를 받지 못했고, 이 소송에서 가해자의 책임 범위도, 사용자의 책임 범위도 축소되어서 인정됐다.

Y는 통한의 마음으로 기자를 만났다. 여러 매체에서 기사를 썼지만, 아무 곳에서도 그 병원의 이름을 쓰지 못했다. Y가 인터뷰에 나선 것은 병원에 해악을 끼치려는 것이 아니었다. 적어도 해당 병원에서 비슷한 피해가 발생되지 않기를 바랐고, 다시는 자신과 같은 피해자가 나오

지 않기를 바랐기 때문이었다. 다른 병원이라고 사정이 크게 다르지 않을 수 있다. 그러니 비슷한 규모의 병원들에서도 논의될 만한 사안이 되길 바랐다. 하지만 한동안 이어진 미투 보도 이후, 언론중재위원회나 민사소송을 통해 수많은 제소에 노출되었던 언론들은 가해자가 정치인이거나 연예인이 아니라면, 가해자나 그 사용자에 대한 실명 보도에 극히 보수적인 태도를 보인다. 수많은 정치인의 성폭력과 그 소속집단의 책임, 피해자 보호를 다루는 보도가 넘쳐나는 시대였지만, Y가 겪었던 것은 소외감과 비통함이었다.

사건이 수면 위로 떠오르면 처음엔 놀라고 얼마 지나지 않아 여러 가십이 잇따른다. 피해자는 피해 사실이 위중하면 문란하다는 의심을 받고, 피해 사실이 덜 위중하면 과민하다는 평가를 받는다. 피해자와 가해자가 다니는 회사 등 피해 사실을 고지받은 소속집단이 원칙에 따라 신속하게 조치하지 않을수록 피해자를 둘러싼 소문은 무성해진다. 주변인들이 아무 생각 없이 던진 한마디가 모여 수십, 수백 마디의 말과 시선이 되고, 그 속에서 평범했던 출근, 업무, 퇴근이 피해자에게는 견뎌야 할 일이 된다. 사람들은 피해자가 받은 고통에 대해서는 책임을 통감하지 않는다. 사측은 자기가 한 말이 아니라고 하고, 여전히 적지 않은 재판부에서 '그 정도를 피해라고 할 수 있을까?', '회사가 피해자를 해고하거나 강등시킨 것도 아닌데 위법하다고 할 수 있을까?' 하며 판결을 망설인다. 그사이 유명하지 '못한' 사건의 피해자 상당수가 결국 버티지 못하고 퇴사한다. 이렇듯 누구도 책임지지 않고 피해자만 사라져 버리면, 피해자의 피해와 고통의 흔적은 사라지고 은근슬쩍 수습된 분란이나 해프닝 정도로 기억되고 만다.

이것이 비단 Y만의 이야기일까? 시중은행을 다니던 J, 대기업을 다니던 P, 중소기업을 다니던 K… 작은 법률사무소를 운영하면서 지난 몇 년간 수많은 Y들을 만나왔고, 여전히 Y의 소송과 유사한 소송들을 맡고 있다. Y들은 저마다 다양한 재판부를 만나, 그 안에서 각자 고군분투하고 있다. 과거와 비슷한 판단과 입장을 취하는 재판부도 있지만, 변화하는 사회에서 우리가 견지해야 할 법 원칙을 꼼꼼히 따져 전향적인 판결을 내놓는 재판부도 물론 존재한다. 어려운 싸움이지만 용기를 낸 피해자와, 앞을 향해 조심스럽게 한 걸음을 떼어보고자 하는 재판부가 만나면, 유의미한 판결과 기록이 만들어진다. 부족하지만 그런 유의미한 판결들이 조금씩 쌓이고 있다. 그렇지만 여전히 자신의 자리를 지켜내지 못하고 사라지는 Y들을 막아내기에는 역부족인 것이 엄연한 현실이다.

　　세상이 천박하다거나 법원이 야속하다는 말을 하려는 것이 아니다. 우리는 피해자가 될 수도 있고 가해자로 몰릴 수도 있다. 하지만 우리가 제일 많이 겪게 되는 입장은 아마도 '주변인'일 것이다. 우연히 피해 사실을 목격하게 되거나, 피해자로부터 도움을 요청받거나, 가해자로부터 호소를 듣거나, 아무것도 모르지만 참고인으로 조사를 받거나, 그도 아니면 울타리 너머로 '카더라' 소식을 듣게 되는 주변인 말이다. 구성원들이 주변인으로서의 준비가 되어 있지 않은 곳일수록, 피해자를 향한 직간접적인 2차 가해가 발생할 가능성이 더 커진다.

　　2차 가해는 실제로 보았던 일에 대해서도 침묵하게 만들고, 피해자나 피해 사실에 대해 근거 없는 추측성 발언을 양산시키고, 피해자 때문에 시끄러워져서 일상이 불편해졌다는 무지한 판단마저 내리게 한다. 그런 시선과 말들은 피해자를 억누르고, 압박감과 고립감은 고스란히 피해자의 고통이 된다. 주위의 시선이 주는 무게가 일정 한도를 넘기면, 피해자는 원래 있던 자리에서, 현재를 살아내기도 미래를 상상하기도 어려워진다. 그렇게 피해자가 사라진다. 피해자가 사라진 자리에는 폭력과 갑질을 감수해야 한다는 조직문화가 남고, 그건 남은 자들이 감내해야 할 몫이 된다.

피해자가 사라지지 않기 위해서는 그들을 잡아주는 손이 필요하다. 이때, 이 손은 약자를 위한 헌신이나 봉사가 아니다. 피해자가 사라지지 않도록 내미는 손은 피해자만을 위한 것이 아니라, 바로 우리 스스로를 위한 것이다. 주변인들의 온당한 태도는 조직이 법 원칙을 지키고 더 나은 방향으로 움직이게 만드는 동력이 된다. 용기 있는 판례만이 법원의 전반적 흐름을 바꾸는 것이 아니다. 주변인들의 건강한 가치관이 사회 구석구석에서 작동할수록, 이례적인 판결이 법원의 태도로 자리매김할 수 있다.

개인의 피해를 딛고 공동의 선례를 남기고자 용기냈던 피해자들이 더 이상 사라지지 않는 사회를 소망한다. 수많은 Y들을 향해 "견뎌라"라고 말하기보다는, Y들의 주변인일 더 많은 사람에게 "피해자를 향해 온당한 도움의 손을 내밀어야 한다"라는 말을 전하고 싶다.

에필로그

아무것도
끝나지 않았다

        2021년 5월 24일 로펌 대표변호사가 초임 변호사를
업무상 위력으로 여러 차례 성폭행한 사건이 언론에 보도
되었다. 피해자는 가해자가 대표로 있는 로펌에서 수습
기간을 마치고 정식으로 입사한 지 얼마 되지 않은 상황
이었다. 성폭력은 최초 발생한 때로부터 약 한 달간 빈번
하게 이어졌다. 심지어 일하는 중에, 여러 업무 공간에서
발생했다. 끔찍한 성폭력은 피해자가 퇴사를 통보하고 나
서야 중단됐다. 하지만 피해자가 퇴사 의사를 밝힌 후 구
직을 위해 받아들인 얼마간의 무급휴직 처리 기간 중에
도, 가해자의 끈질긴 요구로 추가 피해가 발생했다. 이후
로도 가해자는 피해자에게 연락했고 만남을 종용했다. 피
해자는 거듭 거절하며 절망적인 심경을 문자로까지 전했
으나 소용이 없었다. 이런 지옥을 겪으며 피해자는 장기
간 정신과 치료와 심리 상담까지 받아야 했다. 피해자는
자신이 입은 피해의 기억으로 고통받았고 언제 또 가해자
가 연락을 해 올지 몰라 불안해했다. 자기와 같은 피해자
가 또 발생할 것이라는 걱정도 있었다. 이러한 고통과 걱
정으로 많은 날을 보내다가 끝내 고소를 결심했다. 그리
고 직접 기자를 만나 인터뷰하며 자신이 입은 피해 사실
을 이야기했다.
        기사는 피해자가 인터뷰를 했던 때보다 두 달 이상

266

이 지난 시점에서 보도됐다. 피해자가 언론 보도를 결심한 것은 수사에 영향을 주려는 것이 아니라, 기소와 판결에 있어서 혹시라도 가해자가 가진 지위로 인하여 불이익을 받을까 두려웠기 때문이었다. 보수적인 법조계에 갓발을 디딘 초임 변호사의 입장에서도, 또 대표 변호사의 업무상 위력으로 범죄 피해를 입은 피해자의 입장에서도 당연한 걱정이었다. 피해자는 수사가 늦어지는 중에도 수사가 마무리되기를 차분히 기다렸다. 그리고 자신과 같은 피해자가 나오지 않기를 바라는 간절함을 담아 피해의 과정과 내용에 대해 자세히 말했다. 피해자를 인터뷰한 기자는 이런 피해자의 마음과 입장에 공감했다.

하지만 사건이 언론에 보도된 지 이틀이 채 지나지 않아 가해자가 자살했다. '공소권 없음'이 예정되면서 사실상 수사도, 판단도 중단됐다. 가해자의 사망을 기점으로 수많은 2차 가해가 시작됐다. 변호사들의 익명 채팅방이나 사이트, 개인 SNS 등에는 피해자로 추측되는 여성 변호사들의 신상 정보 등이 돌아다니기도 했고, 피해자가 범죄 피해를 입었다는 사실 자체에 대한 의구심을 노골적으로 표출하기도 했다. 피해자가 직접 인터뷰에 응했던 기사를 두고도 각종 음모론이 제기됐다.

가해자의 극단적 선택은 잘못에 대해 책임을 지는

것이 아니라 책임을 회피하기 위한 극도로 이기적인 결정이다. 가해자의 죽음으로 모든 법적 절차가 중단되면, 피해자의 권리가 사라지는 것은 물론이고, 가해자의 죽음에 대한 동정은 이내 피해자에 대한 의심과 원망으로 치환된다. 가해자가 피해자를 조금이라도 생각했다면 절대 하지 않았을 선택이다. 즉, 애초에 가해자의 고민과 결정 속에 피해자의 존재는 없었던 것이다. 이 사건도 다를 바가 없었다.

피해자가 입을 2차 피해가 뻔히 예상되는 상황에서 나는 그대로 있을 수 없었다. 그래서 피해자 변호사로서 기자회견을 열어 피해자의 입장을 공식적으로 전했다. 그러자 이번엔 기자회견을 두고 말이 많았다. 피해자가 기자회견에 동의한 것이 맞느냐, 피해자 변호사가 성급하게 보도해서 가해자가 사망한 것 아니냐 등 겉보기에는 피해자는 겨냥하지 않은 것 같지만 피해자의 존재를 무시하거나 탓하는 말들이 무성했다. 그간 가해자가 상습적으로 폭력을 저질러 해당 사건뿐만 아니라 또 다른 피해자들이 있었음에도, 그러한 사실은 말하면 안 되는 것처럼 여겨지기도 했다. 입장이야 다를 수 있고 그런 말들이 나올 것임은 예상했지만, 예상했던 일들이 실제로 벌어지니 충격적이었다. 피해자는 이 모든 과정을 소리 없이 지켜보고 있었다.

'미투'에 대해서는 피해자들을 이해하는 양 그럴듯한 말을 했던 사람들조차 민낯을 드러내는 것을 보며, 피해자 변호사인 나는 불쾌함을 느꼈다. 상영이 끝날 때까지 밖으로 나갈 수는 없는 극장에 앉아 불쾌하고 리얼한 다큐멘터리를 꾸역꾸역 보는 것 같았다. 하지만 그건 몹시 불쾌할지언정 화면 밖에서 보고 느끼는 것이었다. 신입 변호사였던 피해자에게는 분노와 당혹감을 넘는 공포였을 것이다. 당초 피해자가 피해를 당한 것이 업무상 위력에 의한 것이었음을, 그 배경에는 현재 고용 상태와 미래의 진로까지 직결되는 업계의 '평판조회'가 있었음을 다시금 확인하는 과정이기도 했다.

이런 상황 속에서 피해자를 드러내는 일은 불가능했다. 따라서 경찰에는 '적어도 이 사건은 수사가 마무리된 상황이니 피해자에게 수사 결과를 알려달라'라고 말했고, 한 변호사 단체에는 '이 사건을 비롯하여 성폭력 사건에서 피의자의 극단적 선택으로 종결되는 경우 수사를 중단하지 말고 수사 결과를 피해자에게 알려주도록 관행을 바꿔야 한다'라고 공식적으로 요청했다. 그 말에 경찰은 100퍼센트 만족스럽진 않았으나 어느 정도 충족한 답을 해 왔고, 변호사 단체는 최초 보도 후에는 연락을 해 왔으나 가

해자가 사망하자 '개인 간의 일'이라며 연락을 끊ㄱ 친무
했다. 지역 경찰서가 보내온 불송치 결정문에는 수사 결
과에 대한 판단이 직접 언급되어 있지는 않았으나 총 일
곱 장에 걸쳐 수사 결과가 소상히 기재되어 있었다. 누가
보더라도 피해자가 주장했던 피해사실 대부분이 사실로
판단되기 충분한 수준의 내용이었다.

　　업무상 위력을 앞세운 폭력이 피해자를 무력하게 만
들었던 현실에 대해, 다수의 변호사들이 참고인으로서 입
을 열었다. 특히 수습 변호사들을 채용하는 데 있어서 평
판조회 등이 큰 영향을 미친다는 의식이 공공연하다는 사
실도 언급되었다. 불송치 결정문 안에는 피해자가 로펌을
퇴사하면서 혹시라도 피해를 입을지 모르는 추가 피해자
를 걱정하며 당부를 했던 것까지도 기재되어 있었다. 수
사기관의 공문서에 정리된 수사 결과를 통해 피해 사실을
확인받은 것은 2차 피해에 대한 가장 기초적인 방어 수단
이기도 했지만, 무엇보다 피해자가 수사 결과를 확인함으
로써 변호사 단체들을 보며 가졌던 실망과 좌절을 딛고
일어날 적잖은 위안을 받을 수 있었다. 동시대에 함께 활
동하고 있는 변호사 개인들에 대한 신뢰와 희망도 회복할
수 있었다. 그런 주변인들의 지지에 힘입어 피해자는 불
송치 결정문이 나오기 전후로 직접 방송사와 전화 인터뷰

에 응하기도 했다.

　　피해자가 행한 공론화에 대한 의심도, 잘못된 보도
니 '언론 플레이'니 하며 분분했던 무수한 말들도, 경찰이
수사 결과를 담은 불송치 결정문을 보내오자 잠잠해졌다.
피해자가 누군가에게 휘둘려 자신의 피해를 공론화하고
입장을 전한다는 식의 발상은 곧 그들이 얼마나 피해자를
존중하지 않고 있는지를 드러낸다. 또 '언론 플레이'라는
단어에는 사실과 다르게 사람들을 선동한다는 의미가 담
겨 있다. 그러니 피해자가 거짓말을 하고 있다는 의심과
비난을 포장한 다른 표현에 불과하다. 누구도 책임지지
않는 그 무수한 말들은 피해자를 상처 입혔고, 열세에 있
는 피해자 옆에 선다는 것이 어떤 불이익을 감수해야 하
는지를 세간에 다시금 보여주었다.

　　그럼에도 피해자는 용기를 잃지 않았다. 아픔을 딛
고, 고소를 시작했던 본 취지를 잊지 않았다. 덕분에 나도
피해자와 함께 의논해 가며 필요한 이야기들을 사회에 던
질 수 있었다. 피해자도 나도 모두 법조인으로, 피의자 사
망 시 고소 사건이 종래에 '공소권 없음'으로 종결되는 것
을 알고 있다. 그럼에도 불구하고 수사 결과를 알려달라
고 수사기관에 요청한 것은, 그것이 피해자가 정상적인
일상으로 돌아가기 위한 아주 기본적인 전제이기 때문이

다. 수사기관이 성범죄 피해가 존재했음을 확인해 주지 않으면 피해자들은 일상 속에서 2차 가해에 노출될 수밖에 없다. 나는 이 사실을 사회가 함께 인식하기를 바란다. 수사 결과가 담긴 불송치 결정문을 받게 되기까지의 과정과, 이 사건에서 드러난 법조계가 가진 그늘과 모순이, 경찰의 수사 결과를 토대로 '만약 피의자가 사망하지 않았다면 기소할 수 있었을 것으로 판단되지만, 피의자 사망으로 공소권 없음 처분을 내릴 수밖에 없다'라는 불기소 이유를 기재하여 공소권 없음 처분을 내려달라고 요청한 이의 제기가, 그런 논의의 발판이 되기를 바란다.

끔찍한 폭력 앞에서도 속수무책일 수밖에 없었던 후배 변호사에게 '변호사'라는 단어는 꿈의 단어였다. 이 '변호사'라는 단어가 부디 비탄한 이름으로 끝나지 않기를 소망한다. 피해자가 용기 내준 덕분에 우리 사회가 지금까지 당연하게 저지른 잘못된 관행을 돌아보고 바꿔나가야 할 방향을 찾을 수 있었다고 믿는다. 에필로그를 이 사건의 내용으로 대신하면서, 힘들지만 묵묵히 아픔을 견뎌낸 피해자에게 선배 변호사로서 미안함과 고마움을 전하고 싶었다. 이 사건에 조용히 그러나 뜨거운 응원을 보내준 많은 분이 계셨다. 그분들께도 진심으로 감사 인사를 전하고 싶다.

상냥한 폭력들

미투 이후의 한국, 끝나지 않은 피해와 가해의 투쟁기

초판 1쇄 찍은날	2021년 10월 26일
초판 1쇄 펴낸날	2021년 11월 3일
지은이	이은의
펴낸이	한성봉
편집	하명성·신종우·최창문·이종석·조연주·이동현·김학제·신소윤
콘텐츠제작	안상준
디자인	정명희
마케팅	박신용·오주형·강은혜·박민지
경영지원	국지연·강지선
펴낸곳	도서출판 동아시아
등록	1998년 3월 5일 제1998-000243호
주소	서울시 중구 퇴계로30길 15-8 [필동1가 26] 2층
페이스북	www.facebook.com/dongasiabooks
인스타그램	www.instargram.com/dongasiabook
블로그	blog.naver.com/dongasiabook
전자우편	dongasiabook@naver.com
전화	02) 757-9724, 5
팩스	02) 757-9726
ISBN	978-89-6262-396-3 03300

만든 사람들

편집	조연주
크로스교열	안상준
디자인	정명희
본문 조판	최세정